A NOVA FÁBRICA DE CONSENSOS

Ensaios sobre a reestruturação empresarial, o trabalho e as demandas ao Serviço Social

EDITORA AFILIADA

Dados Internacionais de Catalogação na Publicação (CIP)
(Câmara Brasileira do Livro, SP, Brasil)

A nova fábrica de consensos : ensaios sobre a reestruturação empresarial, o trabalho e as demandas ao serviço social / Ana Elizabete Mota (organizadora) – 5. ed. – São Paulo : Cortez, 2010.

Vários autores.
ISBN 978-85-249-0691-6

1. Assistência social na indústria. 2. Mudança organizacional.
3. Relações industriais. 4. Serviço Social – Brasil 5. Trabalho e classes trabalhadoras – Brasil I. Mota, Elizabete da.

00-2471   CDD-362.85

Índices para catálogo sistemático:

1. Serviço social do trabalho   362.85
2. Serviço social junto aos trabalhadores   362.85

**Ana Elizabete Mota
(Org.)**

Ana Elizabete Mota • Angela Santana do Amaral
Ana Inês Simões Cardoso de Melo
Elaine Marlova Francisco • Elziane Olina Dourado
Glaucia E. S. de Almeida • Graça Druck
Isabel Cristina C. Cardoso • Lúcia M. de Barros Freire
Maria Dalva Horácio da Costa • Mônica de Jesus Cesar
Ubirajara Aloízio de Oliveira Mattos

A NOVA FÁBRICA DE CONSENSOS

Ensaios sobre a reestruturação empresarial,
o trabalho e as demandas ao Serviço Social

5ª edição
4ª reimpressão

A NOVA FÁBRICA DE CONSENSOS: Ensaios sobre a reestruturação empresarial, o trabalho e as demandas ao Serviço Social.

Ana Elizabete Mota (Organizadora)

Conselho editorial: Ademir Alves da Silva, Dilséa Adeodata Bonetti, Maria Lúcia Carvalho da Silva, Maria Lúcia Silva Barroco, Maria Rosângela Batistoni

Capa: DAC
Preparação de originais: Elisabeth Santo
Revisão: Maria de Lourdes de Almeida
Composição: Dany Editora Ltda.
Assessoria editorial: Elisabete Borgianni
Coordenação editorial: Danilo A. Q. Morales

Nenhuma parte desta obra pode ser reproduzida ou duplicada sem autorização expressa dos autores e do editor.

© by Organizadora

Direitos para esta edição
CORTEZ EDITORA
Rua Monte Alegre, 1074 – Perdizes
05014-001 – São Paulo – SP
Tel.: (11) 3864-0111   Fax: (11) 3864-4290
E-mail: cortez@cortezeditora.com.br
www.cortezeditora.com.br

Impresso no Brasil – julho de 2014

SUMÁRIO

Notas introdutórias para a discussão sobre reestruturação
produtiva e Serviço Social
Nobuco Kameyama 7

Primeira Parte
*A reestruturação produtiva e as novas modalidades
de subordinação do trabalho*

1. Reestruturação do capital, fragmentação do trabalho e
Serviço Social
Ana Elizabete Mota e Angela Santana do Amaral 23

2. A "cultura da qualidade" nos anos 90: a flexibilização
do trabalho na indústria petroquímica da Bahia
Graça Druck 45

3. Velhas moedas com novo valor: remuneração e
benefícios na moderna empresa capitalista
*Isabel Cristina C. Cardoso e Elaine Marlova
V. Francisco* 73

4. Os serviços na contemporaneidade: notas sobre o
trabalho nos serviços
Maria Dalva Horácio da Costa 97

5

Segunda Parte
O trabalho, a empresa e o Serviço Social nos anos 90

5. Serviço Social e reestruturação industrial: requisições, competências e condições de trabalho profissional
Mônica de Jesus Cesar 115

6. Reestruturação nos bancos e a ação do Serviço Social
Elziane Olina Dourado 149

7. O Serviço Social e a saúde do trabalhador diante da reestruturação produtiva nas empresas
Lúcia Maria de Barros Freire 167

8. Na corda bamba do trabalho precarizado: a terceirização e a saúde dos trabalhadores
Ana Inês Simões Cardoso de Melo,
Glaucia Elaine Silva de Almeida e
Ubirajara Aloízio de Oliveira Mattos 195

NOTAS INTRODUTÓRIAS PARA A DISCUSSÃO SOBRE REESTRUTURAÇÃO PRODUTIVA E SERVIÇO SOCIAL

Nobuco Kameyama*

Este livro compõe-se de nove ensaios que gravitam em torno de uma preocupação comum: a reflexão crítica sobre as transformações que vêm ocorrendo tanto na base material da sociedade capitalista quanto no campo das idéias e suas inflexões no mundo do trabalho e no Serviço Social.

Não é preciso comentar sobre a importância, relevância e atualidade em discutir os impactos destas transformações radicais que estão em curso nos níveis da pesquisa acadêmica, da atuação e da formação profissional.

Os temas de pesquisa estão centrados no estudo do novo *ethos* que permeia as empresas, nos programas de qualidade total, no processo de desqualificação/qualificação profissional, nas políticas empresariais de benefícios, nas novas demandas que se colocam para o Serviço Social etc.

---

* Assistente Social, doutora pela École des Hautes Études en Sciences Sociales (Paris, 1978). Professora Titular da Escola de Serviço Social da Universidade Federal do Rio de Janeiro.

7

Os estudos sobre o processo de trabalho aparecem especialmente na área das Ciências Sociais a partir da segunda metade dos anos 80, enquanto no Serviço Social os primeiros trabalhos surgem em meados da década de 90.

O conjunto dos ensaios que compõe este livro centraliza-se na temática da reestruturação produtiva e suas inflexões no mundo do trabalho, que configuram os cenários de atuação do Serviço Social. Os estudos buscam analisar as transformações ocorridas no processo de trabalho, explicitadas pela flexibilização, precarização, fragmentação e terceirização/externalização do trabalho. Essas temáticas estão intrinsecamente conectadas com o Serviço Social, na medida em que permitem apreender as novas requisições, competências e condições de trabalho do profissional do Serviço Social.

A coletânea dos textos que se apresenta aos leitores significa um novo patamar atingido pelo Serviço Social na apreensão do processo de reestruturação produtiva na sua totalidade e particularidade, subsidiada pelas pesquisas que buscam desvelar, nas singularidades da realidade, as configurações que assumem na sociedade brasileira, seja sua base material, seja no campo das idéias. A maioria dessas pesquisas caracteriza-se como "estudos de casos" que permitiram aos pesquisadores coletar dados e informações no campo empírico. O conjunto dos estudos não podem ser generalizados, mas podem sinalizar as tendências de mudança.

De fato, nas mudanças radicais que ocorrem na esfera da produção, podemos observar os impactos significativos já impostos pela nova onda tecnológica de base microeletrônica que penetrou amplamente, direta ou indiretamente, em todos os setores da economia, configurando um novo paradigma de produção industrial. Este novo paradigma, denominado "globalização", "mundialização", "reestruturação industrial" ou "terceira revolução industrial e tecnológica", é a senda que as principais economias industriais reencontraram para o crescimento econômico, após dez anos de crise — entre 1973 e 1983 — caracterizados pela estagflação, instabilidade financeira, relativa paralisia dos fluxos de acumulação produtiva do capital e expressiva redução das taxas de incremento da produtividade (Coutinho, 1992).

Este novo paradigma de produção industrial — automação flexível — se apóia na força do processo de inovações tecnológicas, que decorreu em larga medida da impressionante velocidade da redução dos preços relativos da produção. Além do peso crescente do complexo eletrônico, novas tendências emergem do cenário mundial: revolução nos processos de trabalho, transformação das estruturas e estratégias empresariais, novas bases de competitividade, aprofundamento da internacionalização e "alianças tecnológicas" como nova forma de competição (Coutinho, 1992).

O aspecto fundamental das mudanças que vêm ocorrendo é a revolução em curso na organização dos processos de trabalho, substituindo os processos de automação fragmentada, característica do paradigma taylorista/fordista, em direção a um processo em que a força de trabalho interage de forma ativa com o sistema de automação flexível.

Essas tendências levam à conclusão de que os impactos sobre a composição e perfil da força de trabalho implicam níveis médios muito mais elevados de qualificação. Trata-se de qualificar um novo tipo de trabalhador, cujo perfil melhor se enquadre aos objetivos empresariais de gestão da força de trabalho para aumento da produtividade; enfim, um trabalhador capacitado para a polivalência, a multifuncionalidade e o comprometido com a empresa.

No nível da gestão da força de trabalho, é fundamental encurtar o distanciamento hierárquico entre trabalhadores e chefias, no sentido de envolvê-los de forma coerente com a estratégia traçada (principalmente de produção), preparando-os para enfrentar problemas novos e inesperados que resultarão inevitavelmente do aprofundamento das técnicas de automação flexível.

É nesse sentido que se coloca em relevo a rápida transformação das estratégias, organização e cultura empresariais no contexto das mudanças.

A qualificação da força de trabalho, além de enfatizar a qualificação técnica, busca a participação e o envolvimento dos trabalhadores através da mobilização das subjetividades para obter o consentimento passivo na construção de um consenso. Burawoy argumenta que a subjetividade do trabalhador é e deve ser um ingrediente inevitável na organização do trabalho, na concretização da produção no trabalho e, como tal, ser um elemento central nas relações de controle (Ramalho, 1991: 39).

As empresas, no Brasil, para manterem esse consentimento, desenvolvem diferentes estratégias que se traduzem em concessões e sacrifícios.

"As estratégias utilizadas pelo grande capital, para redefinir socialmente o processo de produção de mercadorias, a rigor, evidenciam as reais necessidades do processo de reestruturação produtiva: a integração passiva dos trabalhadores à nova ordem do capital, isto é, a adesão e o consentimento do trabalhador às exigências da produção capitalista" (Mota, 1996).

Um sistema hegemônico, para Gramsci, é uma sociedade capitalista na qual os capitalistas exploram com o consentimento dos explorados. Consentimento não implica ausência de força; para Gramsci, a força física, que é permanentemente organizada, é sempre subjacente ao consentimento. Entretanto, em um sistema hegemônico essa força não é manifesta precisamente porque sua utilização raramente se faz necessária para manter a organização capitalista da sociedade (Przeworski, 1989: 165). Os trabalhadores dão seu consentimento à organização capitalista da sociedade agindo como se fossem capazes de melhorar suas condições materiais dentro dos limites do capitalismo. Isso implica a existência de um nível salarial necessário à reprodução do consentimento.

Nesse sentido, na conjuntura econômica recessiva, um elemento de compensação ao achatamento provocado pela política salarial é a força dos salários indiretos contidos nas políticas sociais empresariais. Outra forma de obter a adesão dos trabalhadores é a coerção, que é encontrada com muito mais freqüência no setor competitivo do que no setor monopolista.

"Os trabalhadores enfrentam a perda de seus postos não como indivíduos, mas como conseqüência das ameaças que incidem sobre a viabilidade econômica das empresas. É isto que permite às gerências impor o regime hegemônico, apoiando-se em seus procedimentos de coordenação de interesses para comandar o consentimento ao sacrifício" (Burawoy, 1990: 32-33).

No entanto, a reprodução do consentimento requer que parte do lucro seja transformada ao longo do tempo em melhoria das condições materiais dos assalariados; dada a trajetória passada dos lucros, deve existir a qualquer tempo um nível de aumentos salariais que seja minimamente necessário para a reprodução do consentimento (Przeworski, 1989: 177).

Por isso, na medida em que os lucros não são transformados em aumentos salariais, a crise torna-se iminente, pois os trabalhadores passam a rejeitar ou resistir à cooperação com o capital, destruindo assim as bases do consentimento.

Nesse contexto, de consenso econômico de inspiração neoliberal, o movimento sindical sofre uma sensível mudança, de postura mais propositiva e não abrindo mão das greves, tem demonstrado a capacidade de reagir e negociar a introdução de novas tecnologias e uma nova forma de gestão, principalmente no setor moderno e internacionalizado da indústria e nas grandes empresas. Essa posição, embora problemática e nem sempre bem-sucedida, admite no sindicalismo organizado um certo poder de barganha, atenuando de alguma forma os impactos das mudanças sobre a força de trabalho. Por sua vez, as comissões de fábrica também têm demonstrado sua capacidade de lutar pela melhoria de salários e gestão participativa ou reestruturação negociada. A articulação dos problemas do chão da fábrica aos temas mais abrangentes, supostamente de interesse de todos os trabalhadores, conta com o potencial da estratégia sindical de articular comissões de fábrica e sindicatos em busca de uma reestruturação de cargos e salários. Outro espaço de luta política entre o capital e o trabalho são as câmaras setoriais. A experiência das câmaras setoriais são os acordos ou contratos coletivos de trabalho e a luta pela manutenção dos postos de trabalho, contra o desemprego, flexibilização da jornada de trabalho, entre outras.

Nesse sentido, os sindicatos têm mudado seu comportamento, de consentimento passivo para consentimento ativo ou "cooperação conflitiva", conforme identifica Jácome Rodrigues (1995: 29).

As negociações podem ser encaradas como exigências do processo de globalização econômica que coloca a necessidade de melhoria dos produtos e diminuição dos custos, mas, ao mesmo tempo, estão revelando uma significativa organização no interior das empresas (Antunes, 1997: 101).

A negociação de novas tecnologias se associa, portanto, às novas formas de organização do trabalho, que visam à integração e à flexibilidade do processo de produção de serviços, garantindo altos padrões de lucratividade e de competitividade no mercado concorrencial.

A reorganização do trabalho acarreta o desaparecimento de algumas funções e o surgimento de outras, transformando o perfil da força de trabalho e implicando a exclusão da força de trabalho excedente.

A análise dos impactos da introdução de equipamentos microeletrônicos no processo produtivo sinaliza mudanças nas funções e ocupações, reduzindo a força de trabalho empregada. Os efeitos da acumulação flexível tornam-se cada vez mais visíveis: segmentação da força de trabalho; redução do emprego regular em favor do crescente uso de trabalho de tempo parcial, temporário ou subcontratado, sem carteira assinada; tendência ao desassalariamento da força de trabalho e precarização das relações de trabalho.

A reestruturação produtiva no Brasil tem dado grande ênfase aos aspectos organizacionais e não ao investimento em ciência e tecnologia, como supõe o senso comum. Nesse sentido, constata-se no interior da empresa a convivência de velhas e novas formas de utilização da força de trabalho. Verifica-se, para os trabalhadores qualificados e os da periferia, aumento da jornada de trabalho e intensificação do ritmo de trabalho. A extensidade da jornada de trabalho não exclui a intensificação do ritmo das atividades, com o que há uma combinação da extração da mais-valia absoluta e extração da mais-valia relativa.

As transformações no mundo do trabalho também apresentam fenômenos atuais de exclusão que não podem ser comparados com as antigas categorias de exploração. Dessa forma, verificamos a emergência de uma nova "questão social" (Rosanvallon, 1995 e Castel, 1995).

O conjunto dos ensaios aqui enfeixados analisa o processo de reestruturação produtiva sob seus múltiplos aspectos, para desaguarem nas questões que afetam diretamente o exercício profissional, provocando alterações no mercado de trabalho e nas condições de trabalho do assistente social.

"Reestruturação do capital" — é com esse pano de fundo que os nossos autores desenvolveram suas reflexões críticas sobre as transformações que estão ocorrendo no mundo do trabalho.

"Reestruturação do capital, fragmentação do trabalho e Serviço Social" é o tema do primeiro ensaio, de Ana Elizabete Mota e Angela Santana do Amaral. As autoras partem da hipótese que a atual recomposição do ciclo de reprodução do capital, ao determinar um conjunto de mudanças na organização da produção material e nas modalidades de gestão e consumo da força de trabalho, provoca impactos *nas práticas sociais que intervêm no processo de reprodução material e espiritual da força de trabalho*, onde se inclui a experiência profissional dos assistentes sociais.

Os desafios que se colocam aos assistentes sociais na atual conjuntura são aqueles engendrados pelas transformações no "mundo do trabalho", provocando alterações no mercado de trabalho e nas condições de trabalho. As reflexões sobre estas alterações passam inegavelmente pela compreensão das demandas e necessidades sociais.

O tratamento da relação entre necessidades sociais e demandas realizado pelas autoras, fundamentando-se em K. Marx e A. Heller, é sem dúvida original e traz uma contribuição importante para o Serviço Social na apreensão do significado político da sua atuação.

As autoras afirmam que a trilha por onde caminham os desafios aos profissionais de Serviço Social — consideradas as particularidades de seu trabalho — são as necessidades sociais, mediadas pelo mercado de trabalho. Por isso mesmo, a principal tarefa posta ao Serviço Social na atual conjuntura é a de identificar o conjunto das necessidades (políticas, sociais, materiais e culturais) do capital e do trabalho, que estão subjacentes às exigências de refuncionalização dos procedimentos operacionais, determinando, também, um rearranjo de competências técnicas e políticas que, no contexto da divisão sócio-técnica do trabalho, assumem estatuto de demandas à profissão.

Na seqüência, as autoras recuperam as reflexões de Dias para definirem o processo de reestruturação produtiva, que nada mais é do que "a permanente necessidade de resposta do capital às suas crises. Para fazer-lhes frente é absolutamente vital ao capital — e aos capitalistas — redesenhar não apenas a reestruturação "econômica", mas, sobretudo, reconstruir permanentemente a relação entre as formas mercantis e o aparato estatal que lhes dá coerência e sustentação. Assim, o momento atual de subsunção real do trabalho ao capital — conhecido ideologicamente como III Revolução Industrial — exige modificações nas regras de sociabilidade capitalista, modificações essas necessárias para fazer frente à tendência decrescente da taxa de lucro" (Dias, 1997: 14).

A reflexão do processo de reestruturação produtiva na particularidade do Brasil e do movimento das classes (burguesia e trabalhadores) constitui o pano de fundo para as demandas tanto do capital como do trabalho que estão subjacentes às demandas profissionais.

O ensaio de Graça Druck, intitulado "A 'cultura da qualidade' nos anos 90: a flexibilização do trabalho na indústria petroquímica da Bahia", enfoca a reestruturação produtiva e as transformações ocorridas nos processos de trabalho, particularmente no aspecto da gestão e organização da força de trabalho.

A crise do fordismo, iniciada nos anos 70, trouxe a necessidade de buscar uma nova forma de regulação, tendo como base a flexibilização do trabalho com a adoção das práticas japonesas de gestão de trabalho.

No Brasil, as práticas japonesas de gestão do trabalho têm em comum com as de outros países a heterogeneidade setorial e regional, bem como a sua forma de difusão de forma gradual. A autora periodiza a implementação do modelo japonês em três etapas: a primeira fase ocorre na década de 70/80, com a prática dos Círculos de Controle Qualidade (CCQ). Esta prática surge como resposta a uma situação de recessão econômica, principalmente no início da década de 80. Na segunda fase, com a adoção de novas tecnologias e práticas japonesas, são difundidas as aplicações do "Just in Time", do Programa de Qualidade Total (PQT) e do Controle do Processo Estatístico (CPE). Essas práticas se concentram no complexo automotivo. A terceira fase, que se inicia nos anos 90, é o período de propagação do modelo japonês, inaugurando a *década da qualidade*. Há uma verdadeira campanha para que as culturas gerenciais sejan substituídas por uma *cultura da qualidade*, em todos os setores produtivos de bens e serviços.

A autora apresenta um extenso e diversificado debate sobre o modelo japonês, problematizando alguns pontos. Os vários estudos do modelo japonês podem ser agrupados em duas linhas de análise. Reúnem, de um lado, trabalhos identificados com a afirmação do novo paradigma de gestão e organização do trabalho, de conteúdo pós-fordista, e, de outro, estudos que concluem sobre a continuidade do taylorismo-fordismo no Brasil.

Outros pontos problematizados pela autora são: os obstáculos para aplicação e difusão do modelo japonês na particularidade brasileira devido às diferenças existentes entre os dois países na dimensão política e cultural, assim como as características das relações de trabalho; programas de qualidade total e a terceirização e suas implicações para os trabalhadores e para o movimento sindical e, finalmente, a flexibilização do trabalho e a reestruturação produtiva na Bahia.

Em "Velhas moedas com novo valor: remuneração e benefícios na moderna empresa capitalista", Isabel Cristina C. Cardoso e Elaine Marlova V. Francisco, aprofundam a discussão acerca das relações entre a introdução de novas tecnologias gerenciais e seus impactos sobre as políticas de remuneração adotadas pelas empresas.

As autoras analisam as políticas de gerenciamento da força de trabalho e, de uma forma mais precisa, discutem sobre os sistemas de remuneração e serviços sociais destinados à força de trabalho industrial. A reestruturação produtiva é definida pelas autoras como um processo que articula visceralmente as instâncias e relações políticas do Estado e da sociedade com o mundo da produção de bens e serviços, e com as práticas sociais e culturais organizadoras da sociedade.

Em "Os serviços na contemporaneidade: notas sobre o trabalho nos serviços", Maria Dalva Horácio da Costa procura apreender criticamente o processo de reestruturação produtiva e a incorporação da atividade de serviços à forma capitalista de produção.

Segundo a autora, as atividades de serviços estão estreitamente relacionadas ao efeito útil do trabalho enquanto uma ação que se desenvolve numa relação direta entre produtor privado/individual ou coletivo e o consumidor. A característica principal dos serviços é a de fornecer trabalho como valor de uso para um consumo privado. Assim sendo, mesmo que adquiram uma expressão mercantil em função da natureza das relações capitalistas e da mediação que estabelecem no consumo de algumas mercadorias, os serviços geram atos e efeitos úteis. Conseqüentemente, os serviços não se configuram como mercadorias, embora possam estar permeados por relações mercantis.

Desta forma, os serviços que eram considerados valor de uso transformam-se em valor de troca, adquirindo uma expressão mercantil, em função da natureza das relações capitalistas e da mediação que estabelecem no consumo de algumas mercadorias.

A expansão dos serviços na atualidade altera não somente as fronteiras da divisão sócio-técnica do trabalho, especialmente aqueles que dizem respeito às fronteiras existentes entre serviços de consumo privado e coletivo, entre serviços de consumo, de produção e de circulação, mas essencialmente a função que têm os serviços no processo de acumulação capitalista.

Harvey (1993), por sua vez, afirma que a expansão dos serviços também se deve, em boa parte, ao crescimento da subcontratação e da consultoria, o que tem permitido que atividades antes internalizadas nas empresas manufatureiras (como marketing, publicidade, secretaria) sejam terceirizadas.

A autora discute ainda sobre o trabalho produtivo e improdutivo retomando Mandel (1980) e Lojkine (1995).

Em "Serviço Social e reestruturação industrial: requisições, competências e condições de trabalho profissional", Mônica de Jesus Cesar aprofunda sua reflexão sobre a reestruturação produtiva e apreende, de forma brilhante, as requisições, competências e condições de trabalho do assistente social nas empresas.

As reflexões da autora, subsidiadas pelos dados pesquisados e pelas informações adquiridos na sua experiência profissional em empresas, mostra que estas, ao instituírem uma série de incentivos materiais e simbólicos que visam integrar os trabalhadores aos novos requisitos da qualidade e produtividade, também passam a fazer parte das novas exigências ao profissional do

Serviço Social, todas elas articuladas às políticas de recursos humanos.

Tais exigências tanto reeditam as demandas históricas do Serviço Social nas empresas, como implicam na definição de novos conteúdos para a prática, alterando substancialmente as condições de trabalho do profissional. A autora observa que, de modo geral, o quadro de intensificação e precarização do trabalho que afeta o conjunto dos trabalhadores das empresas também atinge o assistente social.

O traço principal que permeia as atividades tradicionais do Serviço Social, no contexto da reestruturação industrial, é a introdução de uma nova racionalidade técnica e ideopolítica, que perpassa as políticas de administração de recursos humanos.

A autora argumenta que, no momento atual, o Serviço Social nas empresas, como os demais segmentos da área de recursos humanos, vem assumindo o papel de assessoramento de gerentes nas questões relacionadas à administração de pessoal, à integração dos trabalhadores aos novos requisitos da produção, à modernização das relações de trabalho e ao tratamento das questões sociais ou interpessoais que afetam o cotidiano dos trabalhadores.

O conjunto de mudanças que a reestruturação dos processos de trabalho engendram e que inflexionam as requisições e conteúdos da ação do assistente social são: o redimensionamento do uso da informação; a introdução de uma outra racionalidade técnica, subordinada aos princípios de eficácia/eficiência; a implementação dos os programas participativos com a incorporação da filosofia da qualidade total; e a ampliação do sistema de benefícios e incentivos.

A autora nota que, além dessas questões, observa-se, seja pela redução do quadro ou pela relocalização administrativa e técnica dos assistentes sociais, que as *mudanças nas condições de trabalho terminam por afetar o reconhecimento profissional*, transformando-se, perversamente, em objeto de julgamento da eficiência das suas ações.

Em "Reestruturação nos bancos e a ação do Serviço Social", de Elziane Olina Dourado, o objetivo é apresentar o modo como se configura no setor bancário o processo de reestruturação, com a introdução de inovações tecnológicas (automação, microeletrônica) e como estas implicam a emergência de um novo perfil de trabalhadores, em particular, de gerentes.

O objetivo dos ensaios anteriores era o de focalizar as reflexões críticas sobre os impactos provocados pela introdução de inovações tecnológicas no setor secundário, ou seja, em algumas indústrias. O texto de Elziane Dourado, por sua vez, centra sua análise no setor terciário, particularmente no ramo de bancos, considerando que os impactos das novas tecnologias de base microeletrônica sobre a organização do trabalho e as qualificações variam de acordo com os diversos ramos de atividade do setor terciário.

A introdução de novas tecnologias se associa às novas formas de organização do trabalho, que visam à integração e à flexibilização do processo de produção de serviços, garantindo altos padrões de lucratividade e de competitividade num mercado altamente concorrencial.

A reorganização do trabalho acarreta o desaparecimento de algumas funções e o surgimento de outras, transformando o perfil da força de trabalho e implicando a exclusão da força de trabalho excedente (principalmente em serviços de atendimento direto ao público, como caixas), causando desemprego em massa na década de 80.

A introdução de inovações tecnológicas no setor bancário provocou alterações significativas na gestão da força de trabalho. Busca-se um "novo profissional" bancário, de quem, além do quadro de habilidade técnicas requeridas, exige-se a adesão à "cultura empresarial", na qual os discursos e práticas de qualidade e produtividade tornam-se preponderantes. Por isso mesmo, a experiência não se traduz mais, como nos bancos tradicionais, num requisito essencial para o trabalho. Percebe-se ainda a formação de um perfil de trabalhador, no caso dos gerentes, mais generalista, com capacidade para diagnosticar, intervir e arbitrar. Estes são requisitados para as funções que estão ligadas diretamente aos "negócios" da empresa: a venda de produtos exerce um papel importante como disseminador do novo ideário, baseado no modelo japonês de organização da produção que incorpora políticas participativas.

Segundo a autora, a atuação do Serviço Social no setor bancário não difere muito em relação à das outras áreas. O assistente social é requisitado para implementar política de serviços e benefícios que são segmentados, pois estes são seletivos, hierarquizados e meritocráticos, dando ênfase no desempenho individual e/ou coletivo para atingir as metas traçadas pela empresa.

No estudo "Na corda bamba do trabalho precarizado: a terceirização e a saúde dos trabalhadores", os autores fazem uma reflexão sobre as características que conformam as relações entre saúde e trabalho no contexto brasileiro de reestruturação produtiva. Entendem que a saúde do trabalhador é afetada pelo processo de trabalho a que ele está submetido. Esses efeitos se manifestam sob múltiplas formas, desde a pressão dos capitalistas pela extensão da jornada de trabalho, intensificação do ritmo de trabalho, até a utilização de maquinários e equipamentos digitalizados, principalmente computadores, que, sem considerar os efeitos sobre a saúde do trabalhador elevam a produtividade do trabalho.

Trata-se de uma estratégia adotada pelas empresas para flexibilização das relações de trabalho, provocando a precarização do emprego, que coloca à margem grande parte dos trabalhadores de qualquer legislação do trabalho, de saúde e do ambiente. Esta estratégia é facilitada pela ação do Estado que, sob o argumento da flexibilização, desregulamenta e deslegaliza o sistema de proteção à saúde do trabalhador.

A flexibilização da produção e do trabalho tem levado a um processo crescente de descentralização, provocando a terceirização ou externalização de alguns setores das empresas. A terceirização ou externalização assume várias formas: contratos de trabalho domiciliar, contrato de empresas fornecedoras de componentes, contrato de serviços de terceiros (empresas ou indivíduos) e contratos de empresas cuja mão-de-obra realiza a atividade produtiva ou serviço na planta contratante.

Nesse sentido, afirmam os autores que terceirizar implica o cumprimento de um código de posturas que envolvem contratantes e contratados. A natureza do código de posturas não é neutra, mas produto de relações econômicas. Tal código de posturas adquire materialidade no contrato estabelecido entre elas. Ele é um espaço de relações políticas, onde se expressam os direitos e encargos trabalhistas, a responsabilidade acerca dos risco inerentes ao processo produtivo e a presença ou ausência de cobertura previdenciária.

Em "O Serviço Social e a saúde do trabalhador diante da reestruturação produtiva nas empresas", Lúcia Maria de Barros Freire apresenta uma extensa reflexão sobre a Saúde do Trabalhador.

Na concepção da autora, a saúde manifesta-se no seu estado bio-psíquico, que se relaciona com as condições materiais e sociopolíticas presentes no espaço do trabalho e de vida do trabalhador. Estas, por sua vez, são determinadas principalmente pelas relações sociais de produção, no âmbito da sociedade capitalista.

A pesquisa realizada permite identificar os impactos das novas tecnologias de trabalho e o processo de organização de trabalho no agravamento das doenças profissionais. Esses impactos são relacionados a três fontes estruturais: características políticas e organizacionais do processo de trabalho e das áreas de Medicina e Segurança nas empresas; atraso nas tecnologias de produção e seu processo de modernização e as tendências de gerenciamento.

A autora observa que, independentemente das limitações, a saúde dos trabalhadores tem sido um dos principais objetos da demanda posta ao Serviço Social nas empresas do Brasil desde a década de 40/50. Isto se dá tendo em vista a prioridade da saúde como necessidade social, que corresponde tanto às demandas empresariais como às dos trabalhadores, embora sob ângulos diferenciados, relacionados aos interesses divergentes das classes fundamentais.

Na medida em que se aprofunda a reestruturação industrial no Brasil, constatam-se tendências de mudanças na ação do assistente social na área de saúde do trabalhador.

Diante dessas mudanças, o assistente social tende a inserir-se e ao mesmo tempo dissolver-se em equipes multidisciplinares, em diversas áreas: Saúde, Recursos Humanos, Qualidade, Treinamento, Comunicação Social, Planejamento Estratégico.

Essas alterações emergentes no espaço profissional do assistente social, particularmente na área de saúde, exigem novas competências, isto é, uma formação contínua, para atender às demandas que se colocam.

Os comentários aqui apresentados de modo sumário, nem sempre foram capazes de resgatar a riqueza dos conteúdos dos ensaios. O eixo central da nossa apresentação é a reestruturação produtiva no Brasil e suas inflexões no mundo do trabalho e a nova configuração da ação do Serviço Social. O leitor tem a seu dispor uma obra clara que aborda com profundidade as questões que permeiam o nosso cotidiano.

Rio de Janeiro, maio de 1998

Referências bibliográficas

ANTUNES, R. (Org.). *Neoliberalismo, trabalho e sindicatos*. São Paulo, Boitempo, 1997.

BURAWOY, M. "A transformação dos regimes fabris no capitalismo avançado". *Revista brasileira de Ciências Sociais*, n. 13, São Paulo, Vértice, p. 29-50, 1990.

CASTEL, R. *Les métamorphoses de la question sociale*. Paris, Fayard, 1995.

COUTINHO, L. "A terceira revolução industrial e tecnológica: as grandes tendências de mudança". *Economia e sociedade*, Revista do Instituto de Economia da Universidade de Campinas, 1992.

GRAMSCI, A. *Os intelectuais e a organização da cultura*. Rio de Janeiro, Civilização Brasileira, 1979.

MOTA, A. E. et alii. "Proposta básica para o projeto de formação profissional". Documento ABESS/CEDEPSS. *Serviço Social & Sociedade*, n. 50, São Paulo, Cortez, p. 143-171, 1996.

PRZEWORSKI, A. *Capitalismo e social democracia*. São Paulo, Cia das Letras, 1989.

RAMALHO, J. Precarização do trabalho e impasses da organização coletiva no Brasil. In: ANTUNES, R. (org.) *Neoliberalismo, Trabalho e Sindicatos*. São Paulo, Boitempo, 1997.

RODRIGUES, I. J. Sindicalismo, emprego e relações de trabalho na indústria automobilística. In: ANTUNES, R. (org.) *Neoliberalismo, Trabalho e Sindicatos*. São Paulo, Boitempo, 1997.

ROSANVALLON, P. *La nouvelle question sociale*. Paris, Seuil, 1995.

PARTE I

A reestruturação produtiva e as novas modalidades de subordinação do trabalho

1

REESTRUTURAÇÃO DO CAPITAL, FRAGMENTAÇÃO DO TRABALHO E SERVIÇO SOCIAL

*Ana Elizabete Mota**
*Angela Santana do Amaral***

Ao discutirmos sobre a dinâmica da reestruturação produtiva e suas inflexões sobre a experiência profissional do Serviço Social, estamos assumindo um duplo desafio: o primeiro deles é o de situar a reestruturação no contexto da crise capitalista contemporânea, qualificando-a como um processo de restauração econômica do capital e ambiente de intervenção política das classes e do Estado nas condições de reprodução social; o segundo consiste em identificar as mediações que conectam a experiência do Serviço Social às mudanças em curso. Aliás, como já identificou Netto, "o problema teórico-analítico de fundo (...) reside em explicar e

---

* Professora Adjunta do Departamento de Serviço Social e coordenadora do Grupo de Estudos e Pesquisas sobre o Trabalho (GET) da UFPE.

** Professora Assistente do Departamento de Serviço Social e pesquisadora do Grupo de Estudos e Pesquisas sobre o Trabalho (GET) da UFPE.

compreender como, na particularidade prático-social de cada profissão, se traduz o impacto das transformações societárias" (Netto, 1996: 89).

Nesta direção, a articulação orgânica entre as dinâmicas da economia e da política, ao tempo em que nos fornece as principais pistas para negar a suposta "crise da sociedade do trabalho" ou a aparente "autonomia do progresso técnico" como vetores da reestruturação produtiva, também especifica o leito teórico-metodológico sobre o qual tentaremos empreender uma abordagem crítica do discurso político dominante sobre a reestruturação produtiva.

Assim, as formas de objetivação e subjetivação do trabalho coletivo, a composição e a dinâmica da intervenção das classes sociais e do Estado, apresentam-se como categorias explicativas dos processos macrossociais contemporâneos que afetam a vida social e determinam mudanças no conjunto das práticas sociais, onde se insere a experiência profissional do Serviço Social.

Esta recorrência teórica — amplamente referenciada por uma fração dos intelectuais da profissão[1] — inscreve-se no arcabouço da teoria crítica e vem sendo responsável não apenas pela capacidade de interlocução do Serviço Social com outras áreas do saber, mas parece contemplar aquilo que Behring (1993: 316) avalia em termos de influências do pensamento politicista no discurso do Serviço Social.

Nossa hipótese de trabalho neste texto é a de que a atual recomposição do ciclo de reprodução do capital, ao determinar um conjunto de mudanças na organização da produção material e nas modalidades de gestão e consumo da força de trabalho, provoca impactos *nas práticas sociais que intervêm no processo de reprodução material e espiritual da força de trabalho*, onde se inclui a experiência profissional dos assistentes sociais.

Admitimos, portanto, que a trilha por onde caminham os desafios aos profissionais do Serviço Social — consideradas as particularidades do seu trabalho — são as novas modalidades de

---

1. Referimo-nos àquela fração da categoria profissional que abraça a teoria crítica como o arsenal teórico-metodológico explicativo das relações entre profissão e realidade, cujas recentes produções sobre a reforma curricular são expressões deste vetor analítico.

produção e reprodução social da força de trabalho. Estas últimas, mediadas pelo mercado de trabalho profissional, passam a exigir a refuncionalização de procedimentos operacionais, também determinando um rearranjo de competências técnicas e políticas que, no contexto da divisão social e técnica do trabalho, assumem o estatuto de demandas à profissão.

Este processo desenvolve-se em dois planos: um, mais visível e imediato, relaciona-se com questões que afetam diretamente o exercício profissional, como é o caso das alterações no mercado de trabalho e nas condições de trabalho do profissional; o outro, mais amplo e complexo, refere-se tanto ao surgimento de novas problemáticas que podem ser mobilizadoras de competências profissionais estratégicas, como à elaboração de proposições teóricas, políticas, éticas e técnicas que se apresentem como respostas qualificadas ao enfrentamento das questões que lhe são postas.

Por isso mesmo, os desafios a serem enfrentados pela profissão — consideradas as transformações no "mundo do trabalho" — passam, inegavelmente, pela configuração do atual mercado de trabalho dos assistentes sociais. Todavia, este é apenas um dos indicadores objetivos do rearranjo das diversas atividades ocupacionais frente às mudanças que ocorrem na divisão social e técnica do trabalho. As características do "mercado de trabalho profissional" podem oferecer um conjunto de informações a partir das quais é possível identificar as necessidades sociais que estão subjacentes às demandas profissionais, posto que, segundo nosso entendimento, as demandas não se confundem com as necessidades sociais propriamente ditas.

As demandas, a rigor, são requisições técnico-operativas que, através do mercado de trabalho, incorporam as exigências dos sujeitos demandantes. Em outros termos, elas comportam uma verdadeira "teleologia" dos requisitantes a respeito das modalidades de atendimento de suas necessidades. Por isso mesmo, a identificação das demandas não encerra o desvelamento das reais necessidades que as determinam.

Em conseqüência, as características atuais do mercado de trabalho profissional configuram-se como um rico indicador das tendências da realidade profissional, porém, estão longe de evi-

25

denciarem as conexões de natureza política que atravessam as novas exigências a que está submetido o exercício profissional.

Tal observação reafirma o pressuposto de que as profissões se criam a partir de necessidades sociais e se desenvolvem na medida da sua utilidade social, vindo a institucionalizar práticas profissionais reconhecidas socialmente. Como qualquer profissão inscrita na divisão social e técnica do trabalho, a de Serviço Social, para reproduzir-se, também depende da sua *utilidade social*, isto é, de que seja capaz de responder *às necessidades sociais* que são a fonte de sua demanda (Iamamoto, 1992: 54-5; 87-91).

Poder-se-ia aventar, a exemplo da referência marxiana sobre a relação entre necessidades sociais e sua transformação em demandas do mercado, que ater-se às características e demandas do mercado de trabalho profissional postas pela reestruturação produtiva é esquecer que "as necessidades sociais referidas às demandas são mera aparência que não expressam as necessidades sociais reais da classe trabalhadora, e inclusive as transfiguram em seu contrário" (Heller, A., 1978: 82).

Nestes termos, defendemos a idéia de que a problematização das demandas é uma condição para apreender as mediações que vinculam as "reais necessidades" do processo de reestruturação produtiva com as exigências do mercado de trabalho profissional. Ao mesmo tempo, constitui-se no passo inicial para a construção dos objetos e objetivos estratégicos da profissão. Como disserta Netto, "os profissionais que defendem uma direção social estratégica para o Serviço Social não podem contentar-se com a sinalização do mercado de trabalho: devem conectá-la à análise das tendências societárias macroscópicas e aos objetivos e valores do projeto social que privilegiam" (Netto, 1996: 123).

Assim, a principal tarefa posta para o Serviço Social, na atual conjuntura, é a de identificar o conjunto das necessidades (políticas, sociais, materiais e culturais), quer do capital, quer do trabalho, que estão subjacentes às exigências de sua refuncionalização. Neste caso, é preciso refazer — teórica e metodologicamente — o caminho entre a demanda e as suas necessidades fundantes, situando-as na sociedade capitalista contemporânea, com toda a sua complexidade. Referimo-nos, particularmente, às necessidades sociais que plasmam o processo de reprodução social.

Por isso, inicialmente, discorreremos sobre aquelas que consideramos as "reais necessidades" do processo de reestruturação produtiva e, em seguida, destacaremos as mediações que vinculam tais necessidades — dadas as características da atividade profissional — com as exigências postas atualmente para o Serviço Social.

Vale lembrar[2] que, em uma conjuntura de crise, a reestruturação da produção e a reorganização dos mercados são iniciativas inerentes ao estabelecimento de um "novo equilíbrio", que têm como exigência básica a reorganização do papel das forças produtivas na recomposição do ciclo de reprodução do capital, afetando tanto a esfera da produção quanto as relações sociais.

Este reordenamento expressa as estratégias utilizadas pelo capital em direção ao enfrentamento da crise e se dá através da reorganização do processo de produção de mercadorias e realização do lucro. Trata-se da reorganização das fases do ciclo global da mercadoria e da criação de mecanismos sócio-políticos, culturais e institucionais necessários à manutenção do processo de reprodução social.

Este movimento determina *a reestruturação dos capitais*, com as fusões patrimoniais, a íntima relação entre o capital industrial e financeiro, as novas composições de força no mercado internacional, além da formação de oligopólios globais via processo de concentração e descentralização do capital; e as *transformações no processo de trabalho* como uma exigência do reordenamento das fases do processo de produção e realização da mais-valia, fazendo emergir também outras formas de constituição e reprodução do trabalhador coletivo, além de redefinir as fronteiras entre os processos de "subsunção real e formal" do trabalho ao capital.

Segundo Dias,

(...) "todo o processo conhecido como reestruturação produtiva nada mais é do que a permanente necessidade de resposta do capital às suas crises. Para fazer-lhes frente é absolutamente vital ao capital — e aos capitalistas — redesenhar não apenas sua

---

2. Tema trabalhado em *Cultura da crise e seguridade social*, (Mota, 1995), especialmente capítulos I e II.

estruturação "econômica", mas, sobretudo, reconstruir permanentemente a relação entre as formas mercantis e o aparato estatal que lhe dá coerência e sustentação. Assim, o momento atual da subsunção real do trabalho ao capital — conhecido ideologicamente como a III Revolução Industrial — exige uma modificação das regras da sociabilidade capitalista, modificação essa necessária para fazer frente à tendência decrescente da taxa de lucro" (Dias, 1997: 14).

Na *esfera da produção*, observa-se o aumento das taxas de lucro via crescimento da produtividade do trabalho, intermediada pelo uso de novas tecnologias e de novas formas de consumo da força de trabalho. Na *esfera da circulação*, essa reorganização incide em mudanças no mercado consumidor, determinando também novas formas de concorrência entre firmas, com base na seletividade dos mercados e no marketing da qualidade dos produtos. Na *esfera sócio-política e institucional* ocorrem novas modalidades de controle do capital sobre o trabalho, que exigem um conjunto de reformas institucionais e a implementação de mecanismos capazes de promover a adesão e o consentimento[3] dos trabalhadores às mudanças requeridas.

Consideradas como uma alternativa ao modelo fordista[4], estas mudanças se dão em prol da flexibilização nos processos e nas condições de trabalho, alterando substantivamente a formação

---

3. Nosso entendimento sobre *a adesão e o consentimento dos trabalhadores* inscreve-se no arcabouço teórico gramsciano, e é referenciado, particularmente, aos conceitos de hegemonia, crise orgânica e revolução passiva como trabalhados por Gramsci em americanismo e fordismo. Trata-se, segundo Gramsci, de criar "um novo tipo humano, correspondente a um novo tipo de trabalho e de processo produtivo" (1988: 382) que permita uma nova "fase de adaptação psicofísica à nova estrutura industrial" (ibidem). Na interpretação de Dias, a adesão e o consentimento podem ser pensados como o processo de "incorporação ativa (convencimento ativo, em especial pela impregnação da nova racionalidade) ou passiva (...) pela neutralização das práticas das classes subalternas, isto é, pela destruição ativa de uma personalidade histórica que se expressa na gestação de uma nova classe trabalhadora e de uma nova cultura" (Dias, 1997: 91-2).

4. Aqui, o conceito de modelo fordista é remetido a um princípio de organização da produção, compreendendo um determinado paradigma tecnológico, uma forma de organização do trabalho e um dado estilo de gestão. Suas principais características são a racionalização do trabalho nos moldes tayloristas, a mecanização do trabalho, a produção em massa de bens padronizados, e a relação entre normas de produção e de consumo. Este conceito restringe o fordismo a um princípio de organização da produção.

do trabalhador coletivo ou, em uma linguagem coloquial, o mercado de trabalho, via desemprego, terceirização, precarização do trabalho e dos vínculos formais de trabalho.

Segundo Pagotto (1996: 60), "nos anos sessenta, a dinâmica fordista começa a apresentar os primeiros sinais de crise com a tomada de consciência de que os padrões vigentes de organização do trabalho eram ineficientes para garantir os altos níveis de lucro que a empresa monopolista obteve em seu auge. Iniciou-se a crítica aos paradigmas taylorista e fordista e a busca por novas formas de concepção das normas de produção, distribuição e repartição da produção". Complementa a mesma autora que "a crise da produção padronizada e da relação fordista de altos salários baseados na pujança da demanda em relação à oferta, acabou conduzindo ao conceito de flexibilização, bem como de uma produção organizada sob novas premissas: surgiram as abordagens que preconizam a substituição do trabalho parcelado e da linha de montagem pelas ilhas de produção, grupos semi-autônomos e malhas de produção, nas quais os mecanismos automáticos reduzem a intervenção do trabalho vivo ao mínimo possível" (ibidem).

Estas mudanças — seja em termos de ajustes, seja em termos de reestruturação industrial — determinam novas formas de domínio do capital sobre o trabalho, realizando uma verdadeira reforma intelectual e moral, visando à construção de outra cultura do trabalho e de uma nova racionalidade política e ética compatível com a sociabilidade requerida pelo atual projeto do capital. Segundo Gramsci, "os novos métodos de trabalho são indissolúveis de um determinado modo de viver, de pensar e de sentir a vida: não se pode obter sucesso em um campo sem obter resultados tangíveis no outro" (1988: 396).

Estas novas formas de domínio supõem a socialização de valores políticos, sociais e éticos e a produção de padrões de comportamento compatíveis com as necessidades de mudança na esfera da produção e na da reprodução social. A direção dos processos políticos e a produção do consentimento de classe, para empreender mudanças, transformam-se nos novos baluartes da ação das classes dominantes, na atual conjuntura.

Para a *burguesia*, este movimento se materializa na defesa de um "pensamento único"[5] que invoca a modernidade das mudanças e a irreversibilidade dos processos de ajustes, amparados no neoliberalismo, no pragmatismo econômico e no progresso técnico como motor da reestruturação produtiva. O neoliberalismo, como ideário econômico e político, é expresso nos princípios da economia de mercado, na regulação estatal mínima e na formação de uma cultura que deriva liberdade política da liberdade econômica. O pragmatismo econômico é expresso na subordinação dos processos sociais às necessidades de reestruturação (ajustes e reformas), neutralizando, na prática, as questões que dizem respeito aos projetos sociais. O progresso técnico é considerado como depositário "asséptico" da nova ordem do trabalho.

No entender de Braga (1997: 227), "se a hegemonia neoliberal corresponde à estratégia de passivização ao nível do Estado, a atual reestruturação produtiva materializa a ofensiva passivizadora do capital no âmbito das forças produtivas. Tanto um, quanto o outro processo, vale lembrar, integram as alterações mais gerais das formas de organização da vida estatal em sua totalidade".

Para *os trabalhadores*, além dos impactos objetivos da crise, especialmente em função do desemprego, da precarização do trabalho, dos salários e dos sistemas de proteção social, observa-se a construção de outras formas de sociabilidade marcadas por iniciativas pragmáticas de enfrentamento da crise, fraturando suas formas históricas de organização e esgarçando uma cultura política que comporta alternativas à ordem do capital.

Estas sociabilidades emergentes relacionam-se com a necessidade que tem o capital, neste momento, de criar novas formas de subordinação do trabalho. Ou seja, que permitam flexibilizar a produção e intensificar a produtividade do trabalho longe da tradição conflitiva que sempre permeou a relação entre patrões e empregados.

De fato, como reflete Pagotto (1996: 53) as estratégias de subordinação supõem "a crença de que a modernização pode ser portadora de uma *sociabilidade harmoniosa*, concebida como

---

5. Sobre a definição de "pensamento único", ver o irônico texto de Estefanía, J., *La nueva economía. La globalización*. Madri, Editorial Debate, 1996.

produto das relações sociais entre iguais, entre indivíduos, cujos lugares diferentes ocupados na sociedade expressam uma hierarquia isenta dos predicados e do poder decorrentes da cisão entre produtores e proprietários".

Negando as concepções que atribuem ao progresso técnico as mudanças no mundo do trabalho, o que realmente está em jogo é um conjunto de transformações — de ordem técnica e, principalmente, política — que viabilizem novas condições de acumulação.

Nessa direção, a principal tarefa do capital é construir contratendências que revertam as tendências de queda das taxas de lucro, razão pela qual devem ser intensificados os métodos de trabalho de modo a dinamizar o desenvolvimento das forças produtivas.

No âmbito das relações na produção, segundo Braga (1997: 230), o processo de reestruturação produtiva em curso materializa-se, grosso modo, sob a forma de tecnologias de automação programável, associadas a um complexo conjunto de inovações organizacionais, envolvendo desde os modelos participativos de organização do trabalho (as experiências dos CCQs, grupos semi-autônomos...) até os novos métodos de controle do fluxo de informações produtivas, como o *just-in-time* e o princípio da "auto-ativação", entre outros.

Do ponto de vista objetivo, este movimento materializa-se na criação de novas formas de produção de mercadorias, mediante a racionalização do trabalho vivo, pelo uso da ciência e tecnologia e pela implementação de formas de "externalização" da produção, permitindo às firmas o aumento de sua produtividade e a redução de seus custos de produção (Teixeira, 1996: 68-9).

Compondo o cenário das *novas necessidades* do processo de acumulação capitalista — centradas na fratura das alteridades do trabalho —, emerge no horizonte do trabalho uma fragmentação objetiva do trabalhador coletivo, expressa na constituição de dois grandes grupos de trabalhadores: os empregados estáveis do grande capital e os trabalhadores excluídos do emprego formal, estes últimos, sujeitos ao trabalho desprotegido.

Seja na condição de trabalhadores precarizados, seja na de provedores de "trabalho objetivado", tais trabalhadores são sujeitos da novíssima modalidade de exclusão do mercado de trabalho formal, porque não mais fazem parte da estrutura interna das empresas, ao mesmo tempo em que se transformam em objeto de um *novo modo funcional de inclusão econômica* (ibidem). Surge, portanto, uma nova dinâmica na relação entre exclusão/inclusão dos trabalhadores na economia. A externalização da produção, ao mesmo tempo em que determina a exclusão dos trabalhadores do *trabalho socialmente protegido,* cria outras formas de inclusão na economia, que têm na *insegurança* (Mattoso, 1995) e na *desproteção do trabalho* as suas principais características.

No dizer de Souza (1994: 39), "o trabalhador coletivo se reordena em torno de um vasto número de estatutos trabalhistas e reprodutivos (precarizados e desprotegidos), que fazem ecoar de modo permanente, entre a força de trabalho ativa, o risco e a ameaça de desemprego permanente e estrutural como expressão da modernização neoconservadora deste final de século".

Segundo Dupas, a terceirização da produção de mercadorias "é um mecanismo eficaz para transformar custos fixos de produção em variáveis. As grandes empresas pagam ao fornecedor o número de peças, os pratos de refeição servidos, as horas efetivamente trabalhadas. Defeitos nos produtos, absenteísmo e ociosidade passam a ser problema dos terceirizados (Dupas, 1996/97: 5).

Como complemento Carleial (1996: 22), os mecanismos de externalização/terceirização, adotados pelas grandes empresas, produzem uma "migração" da sua capacidade produtiva para médias e pequenas firmas e estimulam a proliferação de trabalhadores autônomos, sem vínculo empregatício e de trabalhadores em domicílio (1996: 22). A mesma autora complementa que a flexibilização, a desverticalização e a mobilidade entre regiões e países, realizadas pelas grandes firmas, respondem por todas as demais mudanças, entre as quais se incluem desde o desemprego até as formas eventuais de trabalho. É exatamente esta migração subordinada aos interesses do grande capital uma das mediações das mudanças operadas no mundo dos trabalhadores.

Segundo recente ensaio de Fuentes, que recupera na literatura especializada o tratamento dispensado à relação entre os setores formal e informal, "o que se pode perceber no momento é que o setor informal está articulado ao formal mediante uma relação de subordinação que favorece a hegemonia capitalista" (Fuentes, 1997: 373).

Materializado na fragmentação do mercado de trabalho, este processo opera refrações na prática organizativa das classes trabalhadoras, fragilizadas pelas condições do mercado de trabalho e pelo enfraquecimento do poder sindical. Assim, "o principal sentido da reestruturação produtiva é fazer o movimento dos trabalhadores — e suas forças sociais e políticas coligadas — recuar para o terreno econômico-corporativo, abrindo mão, portanto, dos elementos ético-culturais que permitiriam dar forma e sustentação a uma nova fase expansiva da construção das classes trabalhadoras como força autônoma e revolucionária" (Souza, 1994: 38-9).

Ora, o que fica patente neste quadro é o fato de que o capital, para empreender um conjunto de mudanças no modo de produzir e acumular, necessitou fazer uma brutal racionalização do trabalho vivo, potenciando-o enquanto fonte produtora de valor e de mais-valia.

Segundo a descrição de Teixeira (1996: 69),

> as grandes unidades de capital transformaram o layout de suas estruturas produtivas num gigantesco esqueleto mecânico, onde se pode caminhar por suas vértebras, metros e mais metros, sem encontrar uma "viva alma". Embora esse esqueleto possa se automovimentar, tenha nele mesmo a fonte de seu movimento mecânico, ele, contudo, precisa de uma fonte "externa" que o alimente. A subcontratação é essa fonte. As grandes corporações contam hoje com uma rede de pequenas e microempresas espalhadas ao seu redor, que têm como tarefa fornecer os *inputs* necessários para serem transformados em *outputs*, por aquele monstro mecânico. Além disso, essas grandes unidades de produção contam com um enorme contingente de trabalhadores domésticos, artesanais, familiares, que funcionam como peças centrais dentro dessa cadeia de subcontratação. Constituem-se todos em fornecedores de "trabalho materializado", porque, agora, a compra e a venda da força de trabalho são veladas sob o véu da compra e venda de mercadorias semi-elaboradas.

Segundo argumentos de Dedecca (1996), as empresas realizaram inovações tecnológicas e organizacionais, no entanto, sua

33

principal estratégia foi externalizar custos e partes da produção. Conseqüentemente, imprimiram maior flexibilidade na utilização do capital e do trabalho, visando à máxima redução de custos, da ociosidade dos fatores produtivos e dos riscos impostos pela instabilidade e variação do mercado.

Mattoso (1996: 32) afirma que "desta forma, por um lado, tende-se a jogar para empresas menores ou para empresários terceirizados e autonomizados parcelas menos rentáveis da produção e estes contratam em condições mais precárias os trabalhadores.

Canto dos cisnes da "emancipação" do trabalhador na ordem burguesa, a *externalização* da produção não passa de uma nova forma de estruturação do trabalho abstrato e que se revela como um verdadeiro reino de liberdade, propriedade e igualdade. "O trabalhador se sente mais livre, porque agora não está mais preso a um sistema hierarquicamente organizado de exploração e opressão. Ele se sente como um cidadão, que trabalha no seu próprio local de produção (e às vezes de moradia), sem ninguém para vigiá-lo ou lhe dar ordens. Ele se sente patrão de si mesmo, dono de seu próprio negócio. Sente-se proprietário e igualmente livre, porque é ele quem organiza o processo de trabalho e estabelece, por iniciativa própria, a duração da sua jornada de trabalho. E mais: na condição de vendedor de "trabalho objetivado", sente-se um verdadeiro comerciante, parceiro de seus antigos empregadores" (Teixeira, 1996: 72).

De fato, *a reestruturação produtiva redefine socialmente o processo de produção de mercadorias*. Assim, a reestruturação produtiva não se caracteriza apenas pelas mudanças nos processos técnicos de trabalho nas empresas, comprovadamente tímidos no Brasil, porque aqui reestruturação é abrir capital, privatizar empresas estatais, terceirizar, demitir trabalhadores e aumentar a produtividade em até 100%. Como informa recente pesquisa, o crescimento médio da produtividade industrial (medida pela produção física por trabalhador ocupado ou horas pagas) em 1996 foi de 13%. Segundo Saboia, os novos ganhos de produtividade surpreendem porque não derivam de investimentos pesados em maquinário e automação a produtividade cresceu graças aos novos processos de trabalho, aos métodos de gestão e à custa da perda do emprego de milhões de trabalhadores.

Complementando com dados secundários, informa Bonelli (1996: 37-42) que entre 1991-95 a produtividade industrial no Brasil cresceu mais do que todo o ganho de produtividade das duas últimas décadas. Seguindo a mesma linha, afirma Carleial (1996: 26-7) que o crescimento da produtividade se fez acompanhar da redução do nível de emprego industrial e da redução de 25% das horas pagas na indústria. No mesmo período, a composição da ocupação nas seis regiões metropolitanas da PME/IBGE se modifica, evidenciando o *aumento* da participação dos trabalhadores sem carteira assinada (passam de 22,7% para 25,40%), a *redução* dos trabalhadores com carteira assinada (caem de 52,86% para 47,71%) e o aumento dos trabalhadores por conta própria que saltam de 19,73% para 21,61%.

Estes dados permitem afirmar que a marca da reestruturação produtiva no Brasil é a redução de postos de trabalho, o desemprego dos trabalhadores do núcleo organizado da economia e a sua transformação em trabalhadores por conta própria, trabalhadores sem carteira assinada, desempregados abertos, desempregados ocultos por trabalho precário, desalento etc.

Expressão particular de um movimento internacional, marcado pela globalização e pela difusão do pensamento neoliberal, esta estratégia consolida-se, no Brasil, como estruturadora de uma cultura moderna, tendo como principais vetores a competência e a eficiência do setor privado, a (des)responsabilização do Estado com a proteção do trabalho, a empregabilidade e as parcerias do capital com o trabalho, concretizando a difusão massiva de idéias e valores que reconceituam as reivindicações e conquistas históricas das classes trabalhadoras.

Como discute Braga (1997: 175), "a capacidade hegemônica, política e cultural da burguesia radica em sua estratégia de absorver as bandeiras de luta dos adversários históricos, integrando à sua própria racionalidade importantes elementos da concepção e necessidades" (dos trabalhadores), "assimilando elementos do seu programa e parte dos seus intelectuais, via o processo de transformismo".

Aqui os exemplos são inúmeros: subtração de direitos sociais e trabalhistas, como uma questão afeta à esfera econômica, a defesa da informalidade do trabalho como alternativa ao desemprego, a banalização da cidadania como consumo de serviços, a simplificação do ideário de emancipação como autonomia, dentre outros.

Trata-se não apenas de destruir os processos de organização dos trabalhadores, mas também de inflexionar os objetos das suas reivindicações dotando-as de outros significados que, originários do projeto do capital, devem ser assumidos como seus.

O objetivo é formar uma determinada cultura do trabalho que, incorporando as necessidades do processo de acumulação, apresente-se como alternativa de enfrentamento da crise econômica e social. Essa cultura difunde o conservadorismo das saídas possíveis e do sacrifício de todos, estimulando a "indiferenciação" de projetos políticos como modo privilegiado de administração da desigualdade social.

Neste sentido, a questão central posta pela reestruturação do processo de produção e aqui conceituada como uma *necessidade real*, subjacente ao conjunto das demandas profissionais, são as novas formas de produção, gestão e consumo da força de trabalho.

Mais do que o conjunto das inovações que se realizam no processo de trabalho, nas empresas, a terceirização, o trabalho a domicílio, a subcontratação e os massivos programas de desligamento voluntário (PDV), apresentam-se como iniciativas que permitem redefinir as formas de subordinação do trabalho ao capital. Se, historicamente, o trabalho sempre esteve subordinado, o que de "novo" emerge é a tentativa de obter o *consentimento ativo* dos trabalhadores ao atual processo de recomposição do capital.

No interior deste processo os trabalhadores excluídos do trabalho protegido (trabalhadores *"proprietários", "livres"* e *pseudoparceiros* de seus antigos patrões), agora fisicamente distanciados do controle e da exploração direta deles, têm na sua própria auto-exploração, na da sua família e de outros trabalhadores desempregados, a principal fonte de produção de valor.

A rigor, formas reatualizadas de exploração são consolidadas: amplia-se, assim, o universo de constituição e reprodução do trabalho coletivo, porque agora o processo de trabalho pode ser realizado na fábrica, na rua, na residência ou nos centros sociais comunitários; de igual forma, amplia-se também a dimensão da subsunção real e formal do trabalho ao capital, com o auxílio de práticas consideradas libertárias do "despotismo de fábrica" e vitalizadoras da liberdade do indivíduo que continua explorado, mas se pensa livre.

O conjunto destas mudanças na esfera da produção e da organização social implicou no redirecionamento da intervenção do Estado, em especial, nos mecanismos de regulação da produção material e da gestão estatal e privada da força de trabalho. Nessa conjuntura, as mudanças nas relações entre Estado, sociedade e mercado materializam-se em um conjunto de medidas de ajuste econômico e de reformas institucionais, cujos destaques são *os mecanismos de privatização, as pressões do empresariado e da burocracia estatal para suprimir direitos sociais e trabalhistas* e *a "naturalização" da superexploração do trabalho*. Todos eles revestidos pela cultura do anti-radicalismo e das soluções negociadas. O objetivo é reduzir o papel do Estado na área das políticas de proteção social e na regulação das condições de produção material, posto que "o capitalismo necessita, no seu momento atual, de flexibilizar brutalmente as relações de trabalho e de expulsar o trabalho vivo dos ordenamentos jurídicos, para poder potenciar ao máximo sua intervenção na história" (Dias, 1996: 17).

No âmbito das políticas de proteção social, postula-se que as organizações particulares, sob o livre controle dos indivíduos, substituam a ação do Estado; na esfera das condições de produção, que a livre negociação substitua a regulação legal dos contratos de trabalho.

Ao submeter os direitos sociais e trabalhistas à lógica da funcionalidade do mercado, pretendem implementar uma estratégia de desvalorização e "remercantilização" da força de trabalho, somente possível porque os "direitos" se reduzem à realização de uma norma estatal. Como afirma Teles (1997: 216), "essa redução do direito à norma estatal permite incluí-los no conjunto das regras estatais que regulam o mundo econômico, o mercado e o funcionamento das empresas. Prática esta que permite neutralizar a dimensão ética inscrita no direito, fazendo prevalecer o critério de eficácia e produtividade como valores da modernidade".

Enquanto a grande indústria fordista necessitava do keynesianismo, a indústria de produção flexível necessita da liberdade do mercado e da abolição de parte dos controles do Estado sobre as condições de uso, da força de trabalho. Esta nova concepção, que já se materializa pela supressão de alguns mecanismos de proteção social, é corroborada pela ofensiva de mudança na legislação do trabalho.

De fato, o discurso da humanização do trabalho e do direito do cidadão, que permeou a cultura política nos anos 80, vem sendo substituído por novas palavras-chave: o compromisso do trabalhador com o cliente-consumidor, a qualidade total dos produtos e a produtividade e competitividade das empresas. Trata-se de uma cultura que indiferencia os interesses dos trabalhadores e dos capitalistas e inflexiona os comportamentos políticos dos primeiros. Assim, "o momento atual é o da passivização da ordem: a expansão do capital requer e exige a recusa à plena cidadania, ainda que formal. Trata-se da quebra dos direitos sociais como base da acumulação e da velha/nova cidadania burguesa. O 'novo' como matriz de reconstrução e permanência do 'velho'" (Dias, 1997: 15).

Nestes termos, podemos concluir que as exigências do processo de reestruturação produtiva, desencadeadoras das mudanças no mundo do trabalho, afetam imediatamente o processo de trabalho e, mediatamente, o controle da força de trabalho, operando mudanças de ordem técnica, mas amparadas em práticas essencialmente políticas.

Como afirma Clarck (1991: 129), "o objetivo não é simplesmente criar uma nova forma de organização do trabalho, mas criar uma nova forma de sociedade. Assim, a reestruturação produtiva ultrapassa o âmbito das relações na produção, no espaço da empresa capitalista, protagonizando o surgimento de outras práticas sócio-institucionais que não se relacionam imediatamente com a dinâmica da produção

Se correta esta afirmação, pensamos que o primeiro desafio aos profissionais de Serviço Social é romper com a idéia de que a reestruturação produtiva é uma questão que afeta exclusivamente as práticas empresariais e, conseqüentemente, àqueles profissionais que trabalham nas empresas.[6] Por isso mesmo, na atual conjuntura, as práticas profissionais que intervêm direta ou indiretamente nos processos de produção, gestão e consumo da força de trabalho não se restringem ao espaço ocupacional das empresas, embora seja nestas últimas que se concretize o processo de produção de mercadorias.

A questão a ser ressaltada é a de que "a estratégia de passivização das forças produtivas encerra, evidentemente, uma eficácia própria, envolvendo diferentes dimensões do universo produtivo, mas o transcende em muito (Braga, 1997: 228). Assim, para além do conjunto de inovações técnicas e organizacionais que afetam diretamente a produção material, as práticas sociais vigentes apontam para um conjunto de questões e situações que escapam à esfera exclusiva do processo de trabalho ou da empresa propriamente dita.

Tanto é assim que, ao redefinir socialmente o modo de produzir mercadorias, o capital também determina a emergência de um conjunto de situações que dizem respeito às manifestações contemporâneas da "questão social" no Brasil, como é o caso do desemprego, das restrições aos serviços sociais públicos, da educação e até das relações privadas.

O grande capital — na tentativa de ampliar para toda a sociedade, a hegemonia nascida na fábrica — requer e demanda um conjunto de intervenções sócio-institucionais que reatualizem as formas de controle e subordinação do trabalho ao capital. Estas intervenções apontam para ações nas esferas da racionalização da produção, da intervenção estatal e do controle e recomposição política da subalternidade dos trabalhadores.

---

6. É inegável a existência de modificações substantivas no processo e nas condições de trabalho dos assistentes sociais que trabalham em empresas. Sobre este tema específico, ver os artigos que compõem a segunda parte desta coletânea. Não tratamos as particularidades do assunto em função do argumento central deste artigo, qual seja, a reestruturação produtiva. Redefinir socialmente o processo de produção de mercadorias afeta um conjunto de práticas para além do espaço da empresa.

São exatamente estes campos de intervenção que redesenham o conjunto das práticas sociais, onde se inclui a experiência profissional do Serviço Social. Neste sentido, merecem destaque alguns tipos de demandas profissionais, como, por exemplo, aquelas que inflexionam a prática nas empresas,[7] as que estão voltadas para os *programas de formação de mão-de-obra*, de *qualificação e requalificação profissional* ou de *engajamento no mercado de trabalho*, levados a efeito por instituições públicas ou privadas; ou ainda aquelas que têm uma interface com a *ampliação de atividades no setor informal,* tratadas como alternativa ao desemprego e/ou complementação de renda familiar, cujos implementadores são os consórcios entre as instituições públicas e as empresas privadas; seguindo-se um conjunto de *intervenções na esfera privada, enquanto modalidade de mercantilização do trabalho doméstico* e que afetam diretamente a composição e a dinâmica familiar, tanto na área urbana como na área rural.

Estas demandas incluem projetos que vão desde a formação de cooperativas de trabalho financiadas pelas grandes empresas em parceria com o Estado, até o planejamento e estruturação de "pequenos negócios próprios", seguindo-se de atividades implementadoras de renda, como é o caso do trabalho dos adolescentes e dos trabalhos em domicílio, fato, aliás, que não exclui a existência de demandas voltadas para a formação de modos realmente alternativos de trabalho autônomo, de que são exemplos alguns acampamentos dos sem-terra ou experiências de empresas que hoje são autogeridas por empregados-acionistas, ambos conceituados por Paul Singer (1997) de modalidades de "economia solidária".

Em suma, estamos afirmando que as estratégias utilizadas pelo grande capital, para redefinir socialmente o processo de produção de mercadorias, a rigor, evidenciam as reais necessidades do processo de reestruturação produtiva: a integração passiva dos trabalhadores à nova ordem do capital, isto é, a *adesão e o*

---

7. Sobre este tema, remetemos o leitor ao conjunto dos trabalhos publicados na segunda parte desta coletânea, particularmente ao rico texto de Mônica de Jesus Cesar, "Serviço Social e reestruturação industrial: requisições, competências e condições de trabalho profissional".

consentimento do trabalhador às exigências da produção capitalista.

Levados a efeito pela grande empresa, estes mecanismos determinam um elenco de situações que afetam as esferas do trabalho, da produção, da cultura, da vida privada, das práticas do Estado e da sociedade civil e com os quais se defronta, na atualidade, o profissional de Serviço Social.

Vale ressaltar que, se historicamente o capital privado sempre teve os seus "aparelhos privados de hegemonia" (caso típico do SEBRAE e do Sistema S — SESI, SESC, SENAI), agora ele quer ampliar sua capacidade de domínio e direção tentando não apenas redirecionar as políticas sociais públicas para o atendimento das suas necessidades particulares, mas transformar grupos organizados da sociedade — associações comunitárias, esportivas, sindicatos e entidades profissionais — nas novas escolas e agências de trabalho reestruturado.

Pensamos que a principal tendência que perpassa este processo são as interpelações que o capital faz à sociedade, implicando as operações de enfrentamento da crise e as contradições geradas pelo processo de reestruturação produtiva.

Estas interpelações, por vezes revestidas de um caráter inovador e não raramente classificadas de iniciativas positivas de enfrentamento das seqüelas da questão social no Brasil, no limite, podem objetivar a desresponsabilização do Estado e a despolitização das necessidades do trabalho, posto que não passam de necessidades do próprio capital mas podem, se depender das demandas do mercado de trabalho, apresentarem-se como sendo as do trabalhador.

Sem ousar fazer generalizações, o conjunto das questões aqui abordadas — ainda que nos limites de um artigo — evidenciam o modo como algumas das *reais necessidades* do processo de reestruturação produtiva, transitam para o campo das demandas profissionais do Serviço Social, através de um conjunto de mediações, onde se inclui uma verdadeira *teleologia dos empregadores* a respeito do produto da atividade profissional dos assistentes sociais.

Mesmo reconhecendo que esta expectativa dos empregadores responde pelo processo de legitimação social da profissão, reafirmamos o velho argumento (Mota, 1987: 26-7) de que a forma e a natureza das relações sociais determinam as tendências das práticas sociais ao priorizar necessidades que, no âmbito da experiência profissional, assumem o estatuto de objetos de intervenção, materializando as exigências do mercado de trabalho e o lugar da profissão na divisão sócio-técnica do trabalho.

Todavia, nem por isso se pode omitir, na trajetória de uma profissão, a existência de uma relativa autonomia teórica, política, ética e técnica que é exercitada pelo profissional — sob determinadas condições objetivas — ao atuar sobre uma dada realidade, problematizando-a com o aporte dos conhecimentos sistematizados e dos princípios que formaram a sua identidade ocupacional (Idem: 27).

Longe da tradição positivista, uma ação profissional pode reconstruir metodologicamente *o caminho entre a demanda objetivada e as relações que a determinam*. É este movimento que garante, na particularidade de cada ação profissional, *a reconstrução dos seus objetos de intervenção e das suas estratégias de ação*, seguindo, também, a velha lição de que "teríamos que voltar e fazer a viagem de modo inverso" (Marx, 1978: 116) até chegar ao ponto de partida, "mas, desta vez, não com uma representação caótica do todo, porém com uma rica totalidade de determinações e relações diversas" (Idem: 116).

Sem dizer qualquer "novidade", estamos resgatando uma profícua discussão dos anos 80, qual seja, a natureza dialética e contraditória do Serviço Social, materializada na possibilidade objetiva de diferenciar e antagonizar interesses, conteúdos e projetos que marcam as singularidades de uma prática profissional no conjunto das práticas sociais das classes e do Estado.

Referências bibliográficas

BEHRING, E. *Política social e capitalismo contemporâneo, um estudo crítico-bibliográfico*. Dissertação de mestrado. UFPJ, 1993.

BONELLI, R. *Uma nota sobre a evolução da produtividade industrial brasileira entre 1990 e 1995. Mercado de trabalho*.

Conjuntura e análise. Brasília, MTb/IPEA, ano I, março 1996.

BRAGA, R. *A restauração do capital. Um estudo sobre a crise contemporânea*. São Paulo, Xamã, 1997.

CARLEIAL, L. M. da F. Firmas, flexibilidade e direitos no Brasil: para onde vamos? *São Paulo em Perspectiva*, v. 10, n. 1, 1996.

_____ & VALLE R. (Orgs.) *Reestruturação produtiva e mercado de trabalho no Brasil*. São Paulo, Hucitec/Abet, 1997.

CLARCK, S. Crise do fordismo ou crise da social democracia? *Lua Nova*. São Paulo, Cedec/Marco Zero, n. 24, set. 1991.

DEDECCA, C. S. Racionalização econômica e heterogeneidade nas relações e nos mercados de trabalho no capitalismo avançado. In: OLIVEIRA, C. E. B. de & MATTOSO, J. E. L. (Orgs.) *Crise e trabalho no Brasil: modernidade ou volta ao passado*. São Paulo, Scritta, 1996.

DIAS, E. F. *A liberdade (im)possível na ordem do capital. Reestruturação produtiva e passivização*. Campinas, IFCH/UNICAMP, 1997.

_____. et al. *O outro Gramsci*. São Paulo, Xamã, 1996.

DUPAS, G. O emprego em crise. *Revista Teoria & Debate*, São Paulo, ano 10, n. 33, nov./dez. 96/jan. 97.

FUENTES, M. R. Setor informal e reestruturação produtiva: uma alternativa de emprego nos anos 90? In: CARLEIAL, L. M. da & VALLE, R. (Orgs.). Op. cit.

GRAMSCI, A. *Maquiavel, a política e o Estado Moderno*. Rio de Janeiro, Civilização Brasileira, 1988.

HELLER, A. *Teoría de las necesidades en Marx*. Barcelona, Ed. Península, 1978.

IAMAMOTO, M. V. *Renovação e conservadorismo no Serviço Social*. São Paulo, Cortez, 1992.

MARX, K. Introdução à *Crítica da economia política*. In: *Marx*, São Paulo, Abril Cultural, 1978. (Col. Os pensadores)

MATTOSO, Jorge E. *A desordem do trabalho*. São Paulo, Scritta, 1995.

MOTA, Ana. E. *O feitiço da ajuda*, São Paulo, Cortez, 1987.

_____. *Cultura da crise e seguridade social*, São Paulo, Cortez, 1995.

NETTO, José. P. Transformações societárias e Serviço Social — notas para uma análise prospectiva da profissão no Brasil. *Serviço Social & Sociedade*, São Paulo, Cortez, ano XVII, n. 50, abril 1996.

PAGOTTO, M. A. *Mito e realidade na automação bancária*. Dissertação de mestrado. UNICAMP/IFCH, 1996.

SOUZA, A. T. A crise contemporânea e a nova ordem mundial — as forças produtivas e as classes sociais na atual ordem hegemônica. In: *Universidade e Sociedade* n. 6, 1994.

TEIXEIRA, Francisco J. S. *Neoliberalismo e reestruturação produtiva — as novas determinações do mundo do trabalho*. São Paulo, Cortez, 1996.

TELES, V. Direitos sociais e direitos dos trabalhadores: por uma ética da cidadania. In: BOGUS, Lucia & PAULINO, Ana Y. *Políticas de emprego, políticas de população e direitos sociais*. São Paulo, Educ, 1997.

2
A "CULTURA DA QUALIDADE" NOS ANOS 90: A FLEXIBILIZAÇÃO DO TRABALHO NA INDÚSTRIA PETROQUÍMICA DA BAHIA*

*Graça Druck***

1. O modelo japonês nos anos 90 no Brasil

Assim como o fordismo, o modelo japonês também assume formas nacionais. No Brasil, as práticas japonesas de gestão do trabalho têm, em comum com outros países do mundo, a heterogeneidade setorial e regional, bem como a sua difusão de forma gradual.

---

* Este artigo é uma versão modificada do item: "A indústria petroquímica na Bahia nos anos 90: o modelo japonês na indústria de processo contínuo, através da terceirização e da Qualidade Total", do capítulo II de minha Tese de Doutoramento em Ciências Sociais: *Terceirização: (des)fordizando a fábrica — um estudo do complexo petroquímico da Bahia*, Unicamp, 1995.

** Professora do Departan.ento de Sociologia da Faculdade de Filosofia e Ciências Humanas da UFBA, pesquisadora do Centro de Recursos Humanos (CRH/UFBA).

45

O etapismo na aplicação do modelo japonês e esta diferenciação setorial e regional podem ser explicados por um conjunto de variáveis: as condições objetivas mais gerais da economia e da política no país, a situação e a posição de cada setor em termos de mercado nacional e internacional, inclusive variando em função do tipo de capital predominante (nacional, multinacional, estatal etc.), as relações políticas entre empresariado e trabalhadores (sindicatos); as características técnicas do processo de produção e o tipo de cultura empresarial dominante.

No Brasil, observa-se que a imensa maioria das pesquisas e estudos de casos sobre o modelo japonês ocorre no complexo automotivo (montadoras, autopeças, bens de capital), cujo tipo de processo produtivo — produção discreta ou descontínua — tem sido considerado como aquele onde é possível visualizar melhor — no plano da organização do trabalho — tanto as práticas fordistas como as práticas toyotistas.

No caso brasileiro, é possível periodizar a implementação do modelo japonês. A primeira fase ocorre na passagem dos anos 70 para os anos 80 e tem, na prática dos Círculos de Controle de Qualidade (CCQs), a forma mais difundida do modelo. Esta prática surge como resposta a uma situação econômica recessiva, principalmente no início da década de 80, ao mesmo tempo em que é uma estratégia empresarial de resposta à mobilização operária intra e extrafabril, por maior participação e democracia.[1]

De acordo com Leite (1994b), no final da década de 80 já se constatava que os CCQs não foram muito adiante. Isto ocorreu, fundamentalmente, pela oposição dos sindicatos e, também, pelas resistências no âmbito das próprias empresas, por parte da alta gerência e dos supervisores, que não conseguiam romper com uma cultura de gestão muito centralizadora e fortemente autoritária.

Ainda nos anos 80, mais precisamente em meados da década, após o período recessivo, quando há uma rápida retomada do crescimento econômico, novas práticas japonesas são difundidas,

---

1. Sobre a evolução dos Círculos de Controle de Qualidade no Brasil, várias pesquisas foram realizadas, demonstrando a forma como aqui são aplicados e também as resistências à sua aplicação, tanto por parte dos sindicatos quanto, internamente, na própria empresa (Salerno, 1985; Hirata, 1985 e 1988; Druck, 1989, Carvalho, 1987).

juntamente com uma maior adoção de novas tecnologias de automação. É a vez da aplicação do *just-in-time* (JIT), dos "Programas de Qualidade Total e do Controle Estatístico de Processo" (CEP)[2]. Várias pesquisas demonstram que esta nova etapa de difusão do modelo japonês se concentrou no complexo automotivo, que assumiu a liderança sobre os demais setores na adoção das novas políticas de organização e gestão do trabalho e de inovações tecnológicas. Adicionalmente, indicam que, no interior deste segmento da indústria, se destacavam as empresas de "ponta" (as exportadoras), além de nele se encontrar o movimento sindical mais organizado (Leite, 1994).

O terceiro e mais recente período de propagação do modelo japonês inicia-se nos anos 90, inaugurando a *década da qualidade*. Para todos os setores produtivos de bens e serviços há uma verdadeira campanha para que as culturas gerenciais sejam substituídas por uma *cultura da qualidade*. Multiplicam-se as empresas de consultoria na área da "qualidade"; os meios de comunicação — principalmente a imprensa escrita — promovem seminários, debates, cursos e longas matérias sobre o "grande fenômeno da Qualidade Total".

No plano mais geral, a política econômica colocada em prática pelo governo Collor, revestida de um discurso sobre a necessidade de modernizar o país, se enquadrava no projeto neoliberal já em curso a nível internacional, sobretudo nas políticas recomendadas pelo Fundo Monetário Internacional e pelo Banco Mundial. Para o novo governo, tratava-se de inserir o país na nova ordem mundial, redefinida pelo processo de globalização. Como parte deste projeto foi lançado, em 1990, o "Programa Brasileiro da Qualidade e Produtividade" (PBQP), que tinha como objetivo principal adquirir competitividade para a economia brasileira. E, neste sentido, deveria ser considerado não como um

---

2. Este "(...) enquadra-se na concepção de que 'qualidade não se controla, se produz'. É um sistema que funciona através de relatórios que registram os problemas e defeitos detectados na fabricação de uma peça e descrevem os ajustes e operações realizados para solucioná-los, bem como às causas dos problemas encontrados. Isto é feito com a utilização de algumas técnicas estatísticas, que servem para acompanhar cada operação e informar se está sendo realizada dentro dos padrões definidos pela engenharia de projetos. Estes relatórios são elaborados pelos próprios operadores que, além de cumprir suas tarefas de fabricação, assumem a fiscalização de seu trabalho" (Druck, 1989: 89-90).

"(...) programa de governo, mas como um programa de mobilização dos atores representativos da sociedade (governo, empresários, trabalhadores e consumidores), apoiado num novo papel do Estado — menos interventor e executante e mais coordenador — e num novo ambiente de cidadania" (DIEESE, 1994).

Na perspectiva empresarial, que se aproxima muito da do governo, também é o processo de globalização dos mercados, a exigência de novas práticas de gestão empresarial e de inovações tecnológicas, colocando em seu centro a qualidade, que têm obrigado as empresas, no mundo inteiro, a se "reciclarem" para enfrentar a concorrência. Além das novas bases de competitividade, há outros fatores de caráter mais geral que, segundo os empresários brasileiros, também pressionam as empresas para transformações organizacionais: a recessão econômica e o processo inflacionário no país. Trata-se, portanto, de buscar meios para sobreviver à crise (Idem, 1994).

Assim, dois condicionantes são apontados como determinantes desta nova *cultura da qualidade*: i) a abertura da economia, com a redução de alíquotas de importação, que vem exigindo mudanças organizacionais para enfrentar a competitividade, e ii) a política recessiva colocada em prática pelo governo no início desta década, a fim de combater o processo crônico de inflação no país.

Para alguns estudiosos, os anos 90 se iniciam com uma "epidemia da competitividade" (Ruas, 1992). Pode-se acrescentar que há, também, uma "epidemia da qualidade e da produtividade". E estas epidemias têm determinado que o modelo japonês se propague, no Brasil, para além das práticas de gestão e organização já adotadas na década passada, pois se estende agora para a implementação dos *Programas de Qualidade Total e para a terceirização*.

Estas duas práticas de gestão, mesmo que já testadas e aplicadas anteriormente em vários setores e empresas, assumem, nesta última década, um caráter "epidêmico". De fato, se generalizam com muita rapidez por todas as atividades da economia, na produção industrial, nos serviços, no comércio, em empresas de porte pequeno, médio e grande. No caso da terceirização, além desta rápida e ampla difusão, há um elemento qualitativo de peso, pois muda o tipo de atividade terceirizada, atingindo não somente aquelas áreas consideradas "periféricas" — os serviços de apoio (alimentação, limpeza, transporte etc.) — como também as "nucleares" ou centrais (produção/operação, manutenção, usinagem etc.).

2. O debate sobre o "modelo japonês": problematizando alguns pontos

Em linhas gerais, pode-se agrupar os vários estudos do modelo japonês em duas grandes linhas de análise. Reúnem, de um lado, trabalhos mais identificados com a afirmação do novo paradigma de gestão/organização do trabalho, de conteúdo pósfordista e, de outro, estudos que concluem sobre a continuidade do taylorismo-fordismo no Brasil. No entanto, estas diferentes abordagens apresentam vários pontos em comum, que merecem ser destacados.

Em primeiro lugar, constata-se que existe um certo consenso, quando da análise dos principais motivos impulsionadores das mudanças nos padrões de gestão/organização do trabalho nos anos 90: i) a necessidade de responder às novas bases de competitividade, determinada pelo reordenamento do mercado internacional, sobretudo a partir da abertura da economia, quando vários setores da indústria são expostos à concorrência no plano nacional e internacional, exigindo um conjunto de medidas para obter redução de custos, maior produtividade e qualidade na produção; ii) no plano nacional, o esforço para sobreviver à crise e à situação de instabilidade econômica, determinadas, essencialmente, por um processo inflacionário crônico.

Concordo que estes dois fatores são centrais para explicar as iniciativas empresariais na busca por flexibilizar a produção e o trabalho. Existe uma determinação externa — a reestruturação produtiva internacional — extremamente forte, que adquire maior peso ainda, quando é colocada em prática uma política de abertura econômica, forçando redefinições ao nível das unidades produtivas. E há uma determinação interna mais geral, que diz respeito à crise do "modelo de substituição de importações", crise de um determinado padrão de desenvolvimento econômico, cuja principal

49

fonte de financiamento foi o Estado. Este Estado esgotou sua capacidade de financiamento, que tinha nas políticas de subsídio ao setor privado um elemento central para garantir competitividade — a chamada competitividade *"espúria"*, de acordo com Fanzylber.[3] Entretanto, é importante chamar a atenção para um aspecto que tem sido desconsiderado ou mal considerado nesta discussão. Para alguns autores, como é o caso de Humphrey (1993), as empresas brasileiras não chegaram a viver uma clara "crise do fordismo", no que concerne às práticas de resistência operária e sindical. Daí que a implantação do "modelo japonês" se dá basicamente por pressão da concorrência, das novas bases de competitividade. É nesta mesma direção que todos os estudos apontam, mesmo aqueles que ressaltam o processo de democratização das relações de trabalho, o surgimento das comissões de fábrica e a resistência dos sindicatos à aplicação dos CCQs e JITs, na década de 80 (Silva, 1993; Castro, 1994; Leite, 1994).

O que estou querendo sugerir é que as mobilizações operárias em curso desde o final dos anos 70, o avanço da organização sindical nos anos 80 — com a formação de centrais sindicais e a conquista de várias comissões de fábrica nos setores mais avançados da indústria — juntamente com formas de resistência menos visíveis — porque, em geral, até mesmo espontâneas — no interior das fábricas, como as operações-padrão, operações-tartaruga e absenteísmo, foram práticas que também expressaram insatisfação, cansaço e revolta frente às condições impostas pelo "fordismo periférico".

Desta forma, há que se levar em conta este fator essencialmente político, a determinar também novas estratégias empresariais. As políticas de gestão baseadas na Qualidade Total e na terceirização procuraram, sem nenhuma dúvida, romper com este quadro, desestruturando os coletivos de trabalho, estimulando a concorrência entre os trabalhadores, ao mesmo tempo que buscaram o envolvimento e a cooperação (mesmo que forçada) dos empregados. Foi um combate também definido contra os sindicatos, contra a

---

3. Competitividade espúria é aquela que não é baseada no aumento da produtividade, mas sim em baixos salários, câmbio subvalorizado e políticas de subsídios (Fanzylber, 1988).

organização nos locais de trabalho, contra qualquer foco de oposição à empresa. O forte conteúdo ideológico destas políticas, expresso nas práticas gerenciais, está aí para comprovar que a "flexibilização" também é uma resposta às resistências e lutas dos trabalhadores.

Em segundo lugar, aparecem também como aspectos consensuais que explicam as dificuldades para a aplicação do modelo japonês no Brasil, a estrutura muito verticalizada e rígida da indústria e a existência de uma forte cultura empresarial/gerencial autoritária. Este último aspecto tem sido bastante destacado em quase todos os estudos sobre o tema, além de considerado como o principal obstáculo para a aplicação e difusão do modelo japonês, de forma mais completa e próxima ao que predomina no Japão e em outros países centrais. Mesmo os trabalhos que se enquadram na defesa de um processo de gestação de um padrão pós-fordista e que ressaltam, inclusive, a democratização das relações de trabalho (Silva, Castro), avaliam que o atraso destas mudanças, a sua lentidão e suas especificidades estão determinadas, fundamentalmente, pela predominância de uma cultura empresarial autoritária.

É também este fator, juntamente com a ausência de uma resistência operária mais presente e organizada (já que os sindicatos brasileiros não têm tradição de intervir e atuar sobre as condições de trabalho, priorizando a luta por salários), que tem sido utilizado como argumento principal, seja para as formulações que ressaltam a configuração nacional do modelo japonês — como é o caso do "*JIT taylorizado*" de Humphrey (1993), e o modelo "*nissei*" de Salerno (1993) —, seja para o reconhecimento que outros autores fazem da convivência do "novo paradigma" com velhas práticas de gestão do trabalho, constituindo sistemas mistos até mesmo no interior de uma mesma planta (Gitahy, 1994; Castro, 1993-1994).

Ao se discutir a adaptação do modelo japonês no Brasil, é necessário registrar duas preocupações. A primeira se refere ao problema do "autoritarismo" da cultura empresarial brasileira. Se a referência para discutir este padrão é o Japão, até que ponto é possível afirmar que, neste país, a implantação destas práticas de gestão e organização do trabalho se fez através de um processo democrático, quando se sabe que um dos elementos centrais foi a destruição dos sindicatos de trabalhadores e a formação dos sindicatos de empresa? Quando se sabe que existe uma cultura do trabalho no Japão que se estende pela família, que não separa os espaços públicos dos espaços privados e que impõe uma hierarquia e uma relação de subordinação entre homens e mulheres, velhos e jovens que, "por princípio", tem que ser respeitadas? Será que o envolvimento e a participação dos trabalhadores através dos programas de qualidade não são obtidos de forma autoritária? Até onde ou quais são os limites da participação e da capacidade de decisão dos trabalhadores no processo de trabalho?

A segunda preocupação, de caráter mais geral, é que estas formulações me levam a pensar sobre um certo "abuso" na elaboração das formas nacionais que o modelo japonês assume. É como se o que há de negativo no modelo fosse criado aqui — produção nacional — e o que há de positivo correspondesse ao modelo genuíno, feito no Japão. Como se lá, também, não houvesse exclusão, a exemplo das redes de subcontratação, que utilizam trabalho precário, temporário, na sua maioria constituído pela mão-de-obra feminina, conforme estudado por Hirata (s.d.).

Exponho estas duas preocupações muito no sentido de alertar para uma tendência que todos temos de, ao discutir o modelo japonês e sua adaptação ao Brasil, tendo por objetivo fazer a crítica à cultura empresarial dominante e às formas mais perversas de gestão e organização do trabalho no país, acabar mistificando o modelo japonês.

Isto não significa — evidentemente — que esteja propondo uma análise superficial e genérica, sem levar em conta as reais e profundas diferenças existentes entre os dois países e entre os dois "modelos". Acredito que, quando se discute o modelo japonês, centrado na dimensão da organização e gestão do trabalho, corre-se este risco. Principalmente porque a tendência mais usual é a de não confrontar outras dimensões que, a meu ver, são fundamentais, como é o caso, por exemplo, da estabilidade de emprego existente nas grandes empresas — o emprego vitalício e os aumentos salariais por antiguidade — que são essenciais para estabelecer uma relação de confiança e parceria entre patrões e empregados.

Nesta linha de análise, são extremamente interessantes as conclusões de Ruas et al, (1993), a partir de estudos de casos, demonstrando que, nas empresas em que se obteve o envolvimento dos trabalhadores, pela motivação e valorização do seu trabalho, houve uma política de benefícios, de prêmios, ou seja, de compensações, onde se realizou uma certa troca entre patrões e empregados. Ao mesmo tempo, a "precariedade" (subcontratação, trabalho a domicílio, tempo parcial etc.) foi utilizada como uma ameaça. Assim, para os que se envolvem e cooperam, atraídos por alguns ganhos imediatos e por uma relativa estabilidade de emprego, as propostas de luta e resistência dos sindicatos não têm eco. E, apesar do envolvimento dos trabalhadores, com a implantação do JIT e do TQC, Ruas demonstra que o controle sobre a produção e o trabalho até aumenta, reafirmando, inclusive, as práticas tayloristas.

Em terceiro e último lugar, vale destacar a questão muito enfatizada por Silva e Castro, da democratização das "*relações industriais*" nos anos 80 e início dos anos 90. Particularmente, a instalação das câmaras setoriais, também apontada por Leite (1994b) como uma alternativa de superação do autoritarismo das práticas empresariais e do reconhecimento da representação sindical como interlocutor legítimo do patronato, para a busca de saídas negociadas.

A câmara setorial de que mais se tem notícia, pela repercussão causada, é a do setor automotivo — na qual já foram realizados vários acordos, e em cuja pauta os sindicatos conseguiram incluir a negociação sobre a reestruturação produtiva. No entanto, no âmbito dos locais de trabalho, as práticas gerenciais mais recorrentes ainda procuram limitar a organização e representação na fábrica e desrespeitar cláusulas acordadas acerca das mudanças na gestão/organização do trabalho (caso da terceirização, por exemplo). Além disso, verifica-se que a aplicação das práticas japonesas tem, como um dos objetivos centrais, a "incorporação individual" do trabalhador, como forma de esvaziar as iniciativas de organização e ação coletivas.

Desse modo, é importante registrar esta *aparente* contradição na forma autoritária em que os programas participativos vêm sendo aplicados. De acordo com Leite (1994b), isto tem sido sistematicamente denunciado pelos sindicatos que, em geral, se posicionam contrariamente a estes programas, questionam estas práticas gerenciais, e ao mesmo tempo que pedem a cooperação e o envolvimento dos trabalhadores, negam-lhes a negociação, de fato, sobre a introdução de mudanças organizacionais e na gestão do trabalho. Pode-se acrescentar ainda que, apesar de acordos firmados, como é o caso de Convenções Coletivas de Trabalho do Sindicato dos Metalúrgicos do ABC, onde se estabeleceu a proibição de terceirização (mão-de-obra temporária) nas áreas da produção, as empresas vêm descumprindo sistematicamente esta cláusula.

É exatamente sob estas condições "nacionais" que se difunde o modelo japonês nos anos 90, centrado na crescente adoção de duas práticas de gestão: os *Programas de Qualidade Total* e a *terceirização*. Suas implicações, para os trabalhadores e para o movimento sindical, têm sido extremamente desastrosas. Reestruturando (e reduzindo drasticamente) os coletivos de trabalho, colocam, na ordem do dia, uma discussão sobre a necessidade de criação de novas práticas sindicais e de ação coletiva que, para além da *negociação* — palavra-chave, hoje, para o movimento sindical brasileiro — busque redefinir os referenciais de identidades sociais e, assim, os referenciais para uma atuação política propositiva que supere toda a forma de corporativismo ainda fortemente presente no sindicalismo brasileiro.

A busca pela flexibilização da produção e do trabalho tem levado a um processo crescente de descentralização das empresas, através da externalização de atividades. Esta externalização assume várias formas: contratos de trabalho domiciliar, contratos de empresas fornecedoras de componentes, contratos de serviços de terceiros (empresas e/ou indivíduos) e contratos de empresas cuja mão-de-obra realiza a atividade produtiva ou serviço na planta da contratante. Além disso, há a formação de "cascatas" de subcontratação, à medida que as empresas contratadas pela "empresa-mãe" subcontratam outras empresas e/ou trabalhadores para realizar o serviço que, por sua vez, podem também subcontratar outras empresas e outros trabalhadores, e assim por diante.

54

No interior das grandes empresas, os programas de treinamento, quando realizados, se concentram em atividades cujo objetivo principal é convencer sobre a cultura da qualidade que tem no *envolvimento* e *cooperação* do trabalhador sua base de sustentação. Na perspectiva gerencial, transformar cada empregado em um "parceiro", que interiorize as metas e objetivos da empresa, concentrando seus esforços no aperfeiçoamento do trabalho, buscando maior produtividade, racionalidade e redução de custos, a fim de que contribua para a sobrevivência da empresa no mercado, é um desafio que tem assumido, em muitos casos, a forma de ameaça aos trabalhadores. De fato, já que eles precisam preservar seus empregos, não lhes resta outra alternativa, a não ser "cooperar" e se "envolver".

Nestes anos 90, considero que os programas de qualidade têm características diferentes em relação aos anos 80. Parto da hipótese de que eles são muito mais ideológicos agora e que têm um ambiente político muito mais fértil para serem aplicados com algum resultado positivo para a empresa. Contam com um processo de desintegração da força de trabalho, de dispersão dos trabalhadores, de enfraquecimento de suas identidades sociais, de precarização do emprego, do trabalho e da vida — conseqüências provocadas, no âmbito do processo de trabalho, pela terceirização —, e que estabelecem, desta forma, novas relações dos trabalhadores com as gerências e entre eles mesmos.

Há uma tendência de os trabalhadores procurarem "mostrar serviço e dedicação" para garantir a sua permanência na empresa; é a cooperação forçada obtida sob a ameaça de serem demitidos ou terceirizados. No entanto, cabe observar que esta "adesão" obtida pela "força/coerção" não deve assegurar o envolvimento necessário, a motivação para cooperar ou a identificação com a empresa. É provável que seja uma forma de defesa a que os trabalhadores têm recorrido. Até que ponto isto é eficiente, ainda não é possível dizer. Mas é bem possível que não seja algo seguro e estável para as empresas. Além disso, fica evidente, nas mais diversas experiências e em particular no caso estudado, que os programas de qualidade, para obter este tipo de resultado, precisam estar acompanhados da terceirização.

55

3. A flexibilização do trabalho e a reestruturação produtiva na Bahia

É nesse contexto mais geral que se situa a reestruturação produtiva na região. O discurso da competitividade se amplifica. O "surto" da competitividade e da "qualidade" também atinge a Bahia. Para o empresariado do "coração industrial" do Estado, o complexo petroquímico, trata-se de recuperar a perda de competitividade internacional e nacional a "qualquer preço". E a estratégia escolhida é a obsessiva redução de custos. Nesta escolha não há lugar para novos investimentos em tecnologia, o que, diga-se de passagem, é uma tradição local. Isto é, trata-se de um empresariado acostumado às políticas protecionistas do Estado e que está submetido à "compra" dos pacotes tecnológicos das matrizes e que sempre investiu muito pouco em "pesquisa e desenvolvimento" (P & D).

Desta forma, onde é possível "flexibilizar"? Sem dúvida nenhuma que é no *trabalho*, ainda mais considerando as características dos equipamentos da indústria de processo, que são de baixíssima flexibilidade e exigem altos investimentos. Assim, as mudanças implementadas estão centradas na gestão e organização do trabalho. É a implementação do "modelo japonês" que é *escolhida* como a melhor resposta para as condições objetivas e subjetivas descritas anteriormente.

É importante deixar claro que o modelo japonês é uma escolha do empresariado que procura responder, por um lado, às novas condições internas e externas de mercado e, por outro, às pressões e mobilizações dos trabalhadores e de seus sindicatos. Esta se constitui em uma decisão de conteúdo econômico e político, tomada por sujeitos que têm por objetivo manter-se no mercado, manter taxas de lucro em um contexto de mudanças estruturais e conjunturais bastante adverso para os países periféricos. Esta escolha é viável porque se vive uma situação em que a relação de forças entre o patronato e os trabalhadores é extremamente favorável aos primeiros, que dispõem de recursos e instrumentos muito mais poderosos para implementar as mudanças necessárias.

Assim, a reestruturação produtiva em curso no mundo e no país, em um contexto de crescente globalização da economia e da sociedade em geral, ocorre através de um movimento do capital e de escolhas do empresariado que, para manter a sua reprodução, nas condições históricas atuais, precisa destruir radicalmente a resistência operária e sindical, através do *desmantelamento*, da *desintegração*, da *individualização* dos coletivos de trabalhadores, buscando reduzir e limitar, ao mínimo necessário, a *socialização do trabalho* e a construção de *sujeitos coletivos*.

Este processo, por sua vez, tem implicado uma crescente precarização do trabalho, do emprego, das condições de vida e saúde dos trabalhadores e de suas formas de luta e organização.

Desse modo, conforme indicam os dados e informações coletados no campo empírico,[4] um dos objetivos centrais das novas práticas de gestão e organização do trabalho, assim como um dos resultados obtidos até agora, é a redução do número de trabalhadores — com o enxugamento das empresas, que se dá através de demissões e do processo de terceirização em curso. Os dados apresentados nos quadros a seguir expressam com muita clareza os resultados da reestruturação produtiva no Pólo Petroquímico de Camaçari.

4. A qualidade total nas empresas do pólo petroquímico

Na implementação da Qualidade Total, além dos programas de qualidade, estão sendo aplicadas as principais práticas de gestão e organização do trabalho que constituem o "modelo japonês": os Círculos de Controle de Qualidade (CCQs) são aplicados atualmente em 49% das empresas, sendo que, em 63% delas, foram implantados no período 1990/93; o Controle Estatístico de Processo (CEP) existe em 54% das empresas e em 43% delas foi implantado no período 1990/93; a polivalência foi aplicada

---

4. A maior parte das informações referentes às empresas, analisadas a seguir, resulta de pesquisas realizadas pelos Projetos "Trabalho Industrial, Saúde e Meio Ambiente", com o apoio da Fundação MacArthur, no Centro de Recursos Humanos da UFBA e "Terceirização: Relações de Trabalho e Saúde", MT/PNUD/DRT-BA/CRH-UFBA. Nestes dois projetos, trabalhou-se com uma amostra de 44 empresas de diferentes setores industriais. Na presente análise, os dados se referem a uma subamostra que reúne 39 empresas do setor químico/petroquímico da Bahia e que constituem a maior parte do Pólo Petroquímico de Camaçari.

QUADRO 1
Evolução do quadro da produção e do trabalho na indústria petroquímica da Bahia — 1989-1996
(Preços constantes de 1989)

Categorias	unidade	1989	1990	1991	1992	1993	1994	1995	1996
NÚMERO EMPREGADOS	un	8.765	8.263	7.349	6.486	5.603	4.662	4.237	3.946
Administração	un	5.228	4.803	4.007	3.376	2.839	2.353	2.109	1.947
Produção	un	3.537	3.460	3.272	3.110	2.764	2.309	2.128	1.999
PRODUÇÃO	ton	3.503.677	3.066.948	3.134.717	3.534.206	4.088.786	4.758.376	4.287.474	4.459.576
CUSTO TOTAL MÃO-DE-OBRA	U$ 1.000	307.959	220.291	175.698	167.856	143.649	116.692	120.041	107.468
Salários		123.602	83.928	67.864	64.056	55.086	47.244	47.161	44.748
Encargos sociais		55.538	39.274	31.493	29.979	26.677	22.498	22.929	20.636
Benefícios indiretos		59.256	50.460	39.832	37.895	28.368	21.486	21.586	19.988
Alimentação		17.065	14.150	10.061	9.015	6.351	4.735	4.127	3.391
Assistência médica/dentária		7.016	9.196	7.395	7.339	5.840	4.716	4.813	5.140
Seguro compl. priv.		10.231	7.297	7.393	7.447	5.712	5.198	5.413	4.409
Transporte		18.658	16.509	11.900	10.813	7.963	4.414	3.986	3.996
Formação		2.515	995	1.312	1.126	843	731	1.208	1.031
Equip. prot. indiv.		1.751	683	439	632	406	330	380	474
Outros benefícios		1.229	1.007	790	883	859	1.045	1.331	1.277
Outros custos		63.585	37.964	28.392	25.575	26.942	20.381	21.051	16.495

Fonte: SINPER (Sindicato da Indústria Petroquímica da Bahia)

QUADRO 2
Indicadores do quadro da produção e do trabalho na indústria
petroquímica da Bahia — 1989-1996

Indicadores	unidade	1989	1990	1991	1992	1993	1994	1995	1996
Produção/empregado	ton	400	371	427	545	730	1.021	1.012	1.130
Vendas líquidas/empregado	U$ 1.000	315	261	320	394	437	585	704	753
Custo total mão-de-obra/ tonelada produzida	U$ 1.000	88	72	56	47	35	25	28	27
Custo total de mão-de-obra/vendas líquidas	%	11	10	7	7	6	4	4	4
Salário/vendas líquidas	%	5	4	3	3	2	2	2	2
Salários médios	U$ 1,00	1.175	846	770	823	819	844	928	945

Fonte: SINPER (Sindicato da Indústria Petroquímica da Bahia)

em 51% das empresas, sendo que, na área de produção/operação, em 40% dos técnicos com nível universitário e em 75% sem nível universitário. Já as práticas do *just-in-time* e do *kanban* são utilizadas por apenas 15% das empresas.

No que se refere aos motivos declarados para adotar a Qualidade Total, destacam-se aqueles identificados com os objetivos centrais definidos pelo modelo japonês: produtividade, redução de custos, qualidade e racionalização da organização do trabalho, todos eles indicados por 82% das empresas. Em seguida aparecem a busca de competitividade no mercado externo (80%) e a obtenção da ISO-9000 (74%), sendo que a *qualidade de vida* e a *participação dos trabalhadores* foram motivos apontados por apenas 12% das empresas.

Os resultados obtidos com a adoção do TQC seguem os mesmos eixos/objetivos do modelo: a redução de custos, com 100% das indicações; a produtividade, a qualidade do trabalho, a qualidade do produto, assim como a melhoria do clima no trabalho, a relação entre chefias/subordinados e a segurança no trabalho, para 96% das empresas.

Estes resultados são muito ilustrativos da força de um discurso homogêneo no meio empresarial e gerencial, quando da discussão das novas práticas de gestão e organização do trabalho baseadas na Qualidade Total ou no modelo japonês. As "palavras-chave" são assimiladas e repetidas intensamente, quase de forma "religiosa", no sentido de se demonstrar uma "fé" nestas práticas, como alternativa viável — quase única —, para a manutenção da empresa no mercado.

Partindo desta consideração, chama a atenção o fato de que apenas 5 empresas, de um total de 35, tenham indicado a qualidade de vida e a *participação dos trabalhadores* como motivos para adotar o TQC. É interessante observar que o modelo japonês está, em geral, associado a: gestão participativa, envolvimento dos trabalhadores e melhores condições de vida e trabalho, aspectos centrais da "cultura da qualidade".

Quando se examinam os programas e manuais de qualidade das empresas constata-se, em primeiro lugar, que existe uma homogeneidade muito grande entre eles. Na realidade, há um manual-padrão para todas as empresas, que apresenta a mesma estrutura. É o modelo definido pelas "Normas de gestão da qualidade e garantia da qualidade — Diretrizes para seleção e uso" — NB 9000/ISO 9000/1/2/3/4/5..., da Associação Brasileira de Normas Técnicas (ABNT).

O "sistema de qualidade da empresa" é composto por um conjunto de procedimentos, normas e técnicas que são apresentados da seguinte forma: 1) política da qualidade; 2) gestão da qualidade e ou istema da qualidade; 3) controle de processo, 4) inspeção e ensaio; 5) controle de produto não-conforme; 6) auditorias internas; 7) ação corretiva; 8) treinamento; 9) técnicas estatísticas.

Ao lado deste conjunto de procedimentos formais, as empresas costumam produzir vários tipos de documentos, cartilhas, folhetos, cartazes, material de propaganda em geral, que fazem parte de "campanhas" de mobilização dos empregados, através das quais se busca "conscientizá-los". Nestas campanhas, as palavras-chave são: envolvimento, participação, cooperação, eficiência, satisfação, responsabilidade, produtividade. A defesa da Qualidade Total como uma nova prática de trabalho está, em geral, inscrita na necessidade de "modernização empresarial" e das novas realidades do mercado, nacional e/ou internacional, que pressionam e aumentam a competitividade, exigindo mudanças para atender as novas demandas. Ao mesmo tempo, as campanhas insistem na responsabilidade que cada trabalhador deve assumir enquanto "parceiro", participante do esforço da empresa para continuar no mercado.

Além destes tipos de manuais, um instrumento que vem sendo utilizado pelas empresas, com o objetivo de assegurar o cumprimento dos procedimentos operacionais e da qualidade, é o "método Deming" — ciclo PDCA — planejar, fazer, checar e agir. Este método permite criar um sistema de controle e fiscalização do trabalho, através de técnicas estatísticas, feito pelo próprio operador/funcionário, que examina o trabalho realizado — trabalho real — frente ao trabalho planejado — trabalho prescrito. Indica, desta forma, os erros e acertos encontrados.

Completa estas práticas, a realização periódica de "auditorias internas", que têm por objetivo averiguar se o trabalho prescrito efetivamente coincide com o trabalho real. Isto é, se todos os procedimentos e normas definidos pelos manuais do sistema de qualidade estão sendo executados. Estas auditorias são uma exigência para a obtenção da ISO-9000 e são realizadas por equipes internas formadas por profissionais especializados, em geral engenheiros. Identificando erros, desvios, distorções, enfim, o não-cumprimento dos procedimentos planejados, devem apurar as responsabilidades e encaminhar sugestões para as ações corretivas.

Além destes procedimentos, a política de gerenciamento da qualidade propõe mudanças de postura de todos os empregados em todos os escalões. Buscam-se transformações na cultura empresarial e nas culturas do trabalho. E, para isso, é necessário: assumir um espírito de equipe, considerando a empresa como local de cooperação; constituir parcerias interfuncionais; estabelecer metas e objetivos, criando um sistema de medição e avaliação; participação e envolvimento de todos para a busca de soluções; reconhecimento formal através de prêmios e informal através da valorização/motivação para os que participam apresentando propostas e sugestões para maior eficiência e excelência.[5] É a *cultura da qualidade* sendo forjada pelas gerências.

O esforço gerencial concentrado na implementação dos programas de qualidade tem sido uma das maiores prioridades nas empresas do pólo petroquímico. Para alguns gerentes, a Qualidade Total representa a única via possível para garantir uma "empresa

---

5. Estas proposições e objetivos da Qualidade Total foram retirados dos vários manuais e documentos das empresas analisadas.

enxuta", "competitiva" e com relações de trabalho "harmoniosas" e "cooperativas", reafirmando a parceria entre capital e trabalho, pondo fim aos conflitos e insatisfações dos trabalhadores.

5. As implicações da terceirização e da Qualidade Total nas fábricas: a deterioração das condições de trabalho apontada pelo sindicato

Uma das principais formas de atuação e pressão dos sindicatos frente à terceirização e à Qualidade Total tem sido a denúncia sistemática do processo acelerado de deterioração das condições de trabalho, de salário e de vida dos trabalhadores, provocada pelo crescimento desta prática de gestão nas fábricas do setor químico e petroquímico. Estas denúncias são veiculadas nos boletins e jornais sindicais e também encaminhadas à Delegacia Regional do Trabalho, para fins de fiscalização, autuação e punição às empresas transgressoras da legislação.

Examinando os Boletins "Grave", do Sindiquímica — Sindicato dos Trabalhadores nas Indústrias e Empresas Petroquímicas, Químicas, Plásticas e Afins — da Bahia, observa-se que, no que se refere à Qualidade Total, é difícil fazer uma seleção de boletins e notícias em separado do tema terceirização, o que já é um indicador da íntima relação ou do "casamento" entre estas duas práticas. Em quase todas as notícias selecionadas sobre a terceirização, há também referências e críticas à Qualidade Total. A Campanha Salarial de 1993 colocou como eixo de luta a crítica aos programas de Qualidade Total implementados nas empresas do pólo, contrapondo a "palavra de ordem": *"Sem respeito não há Qualidade Total"*. No Boletim que anuncia o tema da campanha salarial, lê-se:

> Pela qualidade de vida: o dia 8 de novembro é considerado o Dia da Qualidade. E qualidade, com certeza, é a palavra mais ouvida no pólo. É citada em todas as fábricas como a panacéia universal, a mágica que de repente vai tornar a indústria brasileira competitiva no mercado internacional. Para se concretizar esta "mágica", centenas de milhares de dólares estão sendo investidos em variados programas, tais como TQC, 5S, Reengenharia, Repensar

etc. Todos eles com o objetivo de se alcançar a tão propalada ISO 9000, ou, mais especificamente, a ISO 9002.

Para se reestruturar, as empresas elegeram um culpado: o trabalhador. Somos, na visão empresarial, "o mal qualificado, o pessimista, carregamos uma cultura individualista, teimosa e rebelde". Portanto, ao traçar a nova estratégia, os patrões estão investindo tudo na "técnica" que vai mudar esta "cultura". Não é à toa que até nas escolas técnicas a qualidade já faz parte do currículo.

Foi em função disso que o Sindiquímica escolheu como tema da Campanha Salarial 93/94 a Qualidade Total. A reestruturação industrial do setor químico e petroquímico vem demitindo, fechando fábricas, arrochando salários, obrigando o trabalhador a aumentar o ritmo produtivo, fazendo duas, três, diversas tarefas (*Grave*, 8/10/93).

A proposição assumida pelo Sindicato foi a de demonstrar as incoerências do discurso gerencial sobre a Qualidade Total, evidenciando que os resultados obtidos, a partir da aplicação dos programas nas fábricas, têm sido exatamente o contrário daquilo que é pregado no discurso. Assim, sob a manchete, *"Terceirização — Cai a máscara"*, o boletim afirma:

A terceirização, juntamente com a Qualidade Total e a ISO 9000, faz parte de uma estratégia de reestruturação industrial que, no Brasil, tenta acompanhar uma tendência mundial, principalmente para responder às exigências de maior produtividade, custos mais baixos, maior qualidade. Tudo para garantir competitividade no mercado internacional. Mas aqui a terceirização serve apenas como redução de custos, seja pelo corte de pessoal ou pelo achatamento do salário, dispensa dos doentes ocupacionais, de quem tem estabilidade, assim como para o fim de algumas conquistas, como a 5ª turma, jornada de trabalho e assistência médica.
(...) Portanto é preciso protestar e dizer não à terceirização. Não dá para aceitar pacificamente um processo que só tem aspectos negativos para os trabalhadores. Entre você também nesta luta que representa a garantia no emprego, melhores salários e condições de vida. *Pela Qualidade Total do trabalhador com saúde e dignidade* (*Grave*, 31/05/94).

É com esta perspectiva que os boletins sindicais procuram questionar os resultados da aplicação dos programas de qualidade.

Uma das práticas mais criticadas é a *polivalência* que, conforme já discutido anteriormente, está sendo implementada em 51% das empresas e em 75% dos técnicos sem nível superior das áreas de produção/operação. Para o sindicato, a polivalência é o par perfeito das demissões, já que a lógica comandada pela redução de custos e o enxugamento da empresa obriga os trabalhadores a assumirem várias funções. Só que, em geral, isto se dá sem treinamento e sem a remuneração correspondente. Várias empresas, inclusive, já foram autuadas pela DRT por incentivarem acúmulo e desvio de funções.

A resposta do Sindicato — através de seus instrumentos de comunicação e divulgação — vem sendo dada pelo ataque sistemático à ideologia da Qualidade Total. O esforço maior está concentrado em demonstrar que a Qualidade Total é falsa à medida que não atinge os trabalhadores. Ao contrário, ela se realiza apenas com o objetivo de redução de custos, em prejuízo dos trabalhadores e levando à deterioração de suas condições de trabalho e de vida.

Através de sua imprensa, o sindicato apresenta a sua explicação sobre cada uma das principais práticas e objetivos da Qualidade Total:

Os Programas da Qualidade Parcial

O que é ISO 9000

É um conjunto de normas criadas para regular o mercado mundial, estabelecendo regras de competição entre as grandes empresas. Apesar de formada por várias normas, incluindo as que estabelecem a relação capital/trabalho, as empresas químicas e petroquímicas estão apenas interessadas no certificado de produção — ISO 9000. Querem somente penetrar no mercado europeu, americano e japonês. O trabalhador fica debaixo do tapete.

O que é 5S

É uma técnica criada no Japão visando modificar a cultura organizacional dentro das empresas. Foi implementada sem muito sucesso na Ceman e já se estendeu para a Pronor, Novel, entre outras. Os 5S se baseiam nas palavras japonesas: *Seiri* (organização), *Seiton* (ordem), *Seisho* (limpeza), *Seiketsu* (asseio) e *Shitsuke* (disciplina).

A relação com a cultura japonesa é íntima, se impondo uma ordem marcial (militar) no local de trabalho. O 5S impõe a modificação do ser humano adaptando-o à organização e não o contrário. Assim, não se analisam as individualidades, nem os interesses do grupo. Não se toca nos problemas estruturais da qualidade de vida.

O que é Polivalência

Treinamento dos trabalhadores para que assumam diversas funções, com conseqüente aumento da carga de trabalho. Por exemplo, treinar um operador em eletricidade ou mecânica. Resultado: excesso de trabalho e desemprego, além de salário não-condizente. No exemplo citado, reduziu-se consideravelmente a manutenção do turno (*Grave*, 8/10/93).

É com esta compreensão que o Sindicato vem se posicionando contrariamente à Qualidade Total e à terceirização, demonstrando que esta "nova" cultura da qualidade tem apresentado graves conseqüências para os trabalhadores: perda do emprego, intensificação do trabalho para os que permanecem, precarização das condições de trabalho e saúde com a ampliação dos riscos de segurança, aumento da repressão e desmandos nas fábricas e o desrespeito a conquistas já acordadas nas Convenções e na própria Constituição. Daí o questionamento feito pelo Sindicato, que foi tema das campanhas salariais de 1993 e de 1994, formulando a seguinte pergunta: *"Com quantos demitidos, doentes ocupacionais e terceirizados se faz uma indústria moderna?"*

Deixando mais clara ainda a sua proposta, o Sindicato enumera um conjunto de reivindicações que expressam um recuo nas condições salariais e de trabalho dos trabalhadores petroquímicos e químicos em relação aos anos anteriores, principalmente na primeira metade da década de 80:

A proposta dos trabalhadores

Não somos contra a qualidade, nem como produtores nem como consumidores. Só que para a gente a qualidade tem outro significado. A nossa qualidade, defendida e reivindicada, é a qualidade de vida.

• Queremos melhores salários para propiciar a nós e a nossos filhos uma vida digna.

65

- Melhores condições de trabalho, que possibilitem uma maior expectativa de vida ao invés de acidentes de trabalho e doenças profissionais.

- Melhores condições de vida, incluindo habitação, saúde, educação, saneamento básico, lazer, entre outras coisas.

- Cidadania, permitindo a intervenção nas questões que nos afetam e nos interessam.

Ao invés de homem polivalente, obrigado a executar mil e uma tarefas, se desumanizando pela aceleração do ritmo de trabalho, propomos o ser humano integral, que aprenda a técnica e compreenda a arte. Que aperte parafusos e toque violão. Que opere reatores e vá ao teatro. Um ser humano que crie, critique, transforme e, principalmente, sonhe.

Ao invés da terceirização, que desregulamenta a relação capital/trabalho, propomos o contrato coletivo de trabalho, estabelecendo condições mínimas para todos os trabalhadores.

Ao invés do 5S voltado exclusivamente para a empresa, propomos o Salário, Saúde, Segurança no emprego, Sindicato e Socialismo.

Ao invés de técnicas e regras empurradas pela garganta, defendemos a democracia plena, o direito de questionar e dizer "não está certo". Participação com igualdade de direitos.

Ao invés do descarte dos trabalhadores através da demissão, queremos a reciclagem, a qualificação profissional, voltada para o novo ambiente de trabalho (Grave, 8/10/93).

6. Considerações Finais

O conjunto de informações obtidas no campo empírico através de fontes diferentes — as empresas químicas/petroquímicas e os sindicatos (de trabalhadores e patronal) — conforma um novo quadro do trabalho, em que as novas práticas de gestão ou o chamado "modelo japonês" implementado nos anos 90, se efetuam através dos programas de qualidade e da terceirização.

Os objetivos e os resultados destas práticas indicam dois grandes "movimentos":

1) Por um lado, reafirmam as principais características do taylorismo/fordismo naquilo que ele tem de pior, isto é, impõem, de forma autoritária e repressiva, um padrão de trabalho sustentado

ainda na separação entre o trabalho prescrito e o trabalho real.

Os manuais de qualidade representam a força do trabalho prescrito e têm sido utilizados como ameaça aos trabalhadores, à medida que o não-cumprimento das especificações, das normas e operações planejadas e definidas (em geral pelos engenheiros) — quando detectado pelas auditorias internas — pode levar a sanções, inclusive à demissão. Ao mesmo tempo, intensifica a gestão autoritária na busca por conter a "iniciativa operária", a partir de um discurso — presente em Taylor — acerca da "cooperação", da "parceria" entre patrões e empregados. Esta cultura da qualidade que, ao nível do discurso, exige uma mudança de postura do trabalhador — a de ser responsável e participativo —, tem oferecido, em troca da cooperação de seus empregados, as demissões e a terceirização.

2) Por outro lado e, ao mesmo tempo, verifica-se um processo contrário e complementar ao descrito no item anterior, no sentido da descaracterização do fordismo/taylorismo, qual seja: o processo de desintegração do trabalho, de individualização do trabalhador, de fracionamento dos coletivos de trabalho, através da terceirização nas fábricas, sobretudo nas atividades nucleares, na área de produção/manutenção. É a quebra da "unidade fabril" que, desta forma, indica um processo de *(des)fordização*.

Este processo também se evidencia na significativa modificação das condições de trabalho e dos níveis salariais diretos e indiretos. Os ganhos de produtividade, através da "flexibilização do trabalho", não têm sido distribuídos aos "parceiros". Isto porque, por um lado, para os que continuam no quadro das empresas, o padrão salarial e de benefícios, que inicialmente distanciavam os trabalhadores do Pólo do conjunto dos trabalhadores da região — colocando-os em um patamar mais alto e incluindo-os num padrão de consumo típico de classe média —, estão se modificando radicalmente, tanto pelas perdas salariais, como pela gradativa redução das políticas de benefícios (*welfare state* privado) implementada pelas empresas, como parte da lógica de redução de custos. Por outro lado, porque aumenta a parcela de trabalhadores subordinados ao capital químico e petroquímico, que sequer são reconhecidos como "parceiros".

67

Este é outro lado nefasto da terceirização e da Qualidade Total: os aumentos por "produtividade", a "participação nos lucros" e outras formas de remuneração "flexibilizada" propugnadas pelos novos modelos de gestão só beneficiam, mesmo que minimamente, uma parcela (decrescente) dos trabalhadores responsáveis pelos ganhos de produtividade e pelo aumento do lucro. Isto contribui para fragmentar ainda mais a classe trabalhadora. Os "inseridos", se conquistarem estes itens, o farão em detrimento dos excluídos que, também, e cada vez mais, geraram a riqueza. Para o capital, trata-se de um ótimo "negócio": "dividem" menos e com menos "parceiros".

Deste modo, a (des)fordização deve ser compreendida como um retrocesso, como um recuo na própria história do trabalho e da industrialização. Isto porque se entende que o taylorismo e o fordismo são padrões de gestão que vieram para selar o sistema fabril, a disciplina fabril, o trabalho assalariado e a direção do capital sobre o processo de trabalho. O fordismo conseguiu aquilo que o taylorismo não havia obtido, isto é, a "adesão" dos trabalhadores, através de concessões, na forma de emprego e salários.

O que se vê, agora, é uma outra fase de desenvolvimento do capital e de condições objetivas e subjetivas em que este, no limite, *não precisa negociar*, apesar da retórica em contrário. Mais do que isso, as práticas de gestão do trabalho têm revelado que, na atual etapa, o capital necessita reduzir, limitar este espaço de sociabilidade e de socialização do trabalho, que é o espaço fabril. É isto o que está a indicar o processo de terceirização acelerado nas empresas analisadas. Trata-se de um fracionamento do trabalho e da própria cultura fabril. E isto remete a uma reflexão sobre estes novos conteúdos do trabalho, sobre novas culturas do trabalho e, conseqüentemente, sobre novas práticas coletivas e sindicais dos trabalhadores.

Referências bibliográficas

ABREU, A. R. de P. & SORJ, B. Subcontratação e trabalho a domicílio — a influência do gênero. In: MARTINS, H. S.

& RAMALHO, J. S. (orgs.). *Terceirização: diversidade e negociação no mundo do trabalho*. São Paulo, Hucitec/Cedi/Nets, 1994.

AGIER, M. & GUIMARÃES, A. S. A. Técnicos e peões: a identidade ambígua. In: GUIMARÃES, A. S. A. et al. *Imagens e identidades do trabalho*. São Paulo, Hucitec/Orstom, 1995.

ANTUNES, R. *Adeus ao trabalho? Ensaio sobre as metamorfoses e a centralidade do mundo do trabalho*. São Paulo, Cortez, 1995.

BOLETINS *GRAVE*, 1990/1994.

BORGES, A. Trabalho e renda nos anos 90: novos horizontes de exclusão. *Revista Bahia Análise & Dados*, Salvador, v. 3, n. 3, dez. 1993.

_____. & DRUCK, M. G. Terceirização e mercado de trabalho: notas exploratórias. *Revista Bahia Análise & Dados*, Salvador, v. 2, n. 3, 1992.

_____. Crise global, terceirização e exclusão no mundo do trabalho. *Caderno CRH*, Salvador, UFBA/CRH, n.19, jul./dez. 1993.

CARVALHO, R. Q. *Tecnologia e trabalho industrial*. Porto Alegre, L&PM, 1987.

CASTRO, N. & GUIMARÃES, A. S. A. Competitividade, tecnologia e gestão do trabalho: a petroquímica brasileira nos anos 90. In: LEITE, M. & SILVA, R. A. da (orgs.) *Modernização tecnológica, relações de trabalho e práticas de resistência*. São Paulo, Iglu, 1991.

CASTRO, N. A. Modernização e trabalho no complexo automotivo brasileiro: reestruturação industrial ou japanização de ocasião? *Novos Estudos Cebrap*, São Paulo, n. 37, 1993.

_____. Trabalho e organização industrial num contexto de crise e reestruturação produtiva. *São Paulo em Perspectiva*, São Paulo, v. 8, n. 1, jan./mar. 1994.

CORIAT, B. *Penser à lénvers. Travail et organization dans l'entreprise japonaise*. Paris, Cristian Bourgois Editeur, 1991.

DIEESE. *Seminário e eventos — os Trabalhadores e o Programa Brasileiro da Qualidade e Produtividade*. São Paulo, Dieese, n. 1, set. 1994. (Série Seminários e eventos)

DRUCK, M. G. *Os sindicatos, os trabalhadores e as políticas de gestão do trabalho: o caso dos Círculos de Controle de Qualidade na região de Campinas.* Dissertação de mestrado em Ciência Política, IFCH/UNICAMP, 1989. Mimeografado.

_____. Qualidade total e terceirização: o "taylorismo" dos anos 90 e suas implicações no mundo do trabalho. *Revista Bahia Análise & Dados*, Salvador, v. 4, n. 2/3, dez. 1994.

FAJNZYLBER, F. Competitividad internacional: Objetivos de consenso tarea ardua. Campinas. *ANAIS DO SEMINÁRIO SÉCULO XXI*, UNICAMP, 1988. Mimeografado.

FRANCO, T. M. et al. Mudanças de gestão, precarização do trabalho e riscos industriais. *Caderno CRH*, Salvador, UFBA/CRH, n. 21, jul./dez. 1994.

GITAHY, L. Inovação tecnológica, subcontratação e mercado de trabalho. *São Paulo em Perspectiva*, São Paulo, v. 8, n. 1, jan./mar. 1994.

GUERRA, O. F. Desafios competitivos para a Petroquímica Brasileira, *Caderno CRH*, Salvador, UFBA/CRH, n. 21, jul./dez. 1994.

HIRATA, H. Transferências de tecnologias de gestão: o caso dos sistemas participativos. Comunicação ao Seminário Internacional SEPLAN-IPEA-CENDEC — *Mudanças Tecnológicas, organização do trabalho e formas de gestão*. Brasília, out./1988. Mimeografado.

_____ & FREYSSENET, M. Mudanças Tecnológicas e participação dos trabalhadores: os círculos de controle de qualidade no Japão. *RAE — Revista de Administração de Empresas*, Rio de Janeiro, FGV, vol. 25, n. 3, jul./set. 1985.

_____. (org.) *Sobre o modelo japonês*. São Paulo, Edusp, 1993.

_____. Novos modelos de produção, qualidade e produtividade. In: DIEESE. *Os trabalhadores e o Programa Brasileiro da Qualidade e Produtividade*. São Paulo, n. 1, set. 1994.

_____. Crise econômica, organização do trabalho e subcontratação. Reflexões a partir do caso japonês. S.d. Mimeografado.

HUMPHREY, J. Adaptando o modelo japonês ao Brasil. In: HIRATA, H. (org.). *Sobre o modelo japonês*. São Paulo, Edusp, 1993.

LEITE, M. P. *O futuro do trabalho — novas tecnologias e subjetividade operária*. São Paulo, Scritta/FAPESP, 1994a.

_____. Reestruturação produtiva, novas tecnologias e novas formas de gestão da mão-de-obra. In: OLIVEIRA, C. A., et al. *O mundo do trabalho — crise e mudança no final do século*. São Paulo, Mtb/PNUD/Cesit-Unicamp/Scritta, 1994b.

MOTA, Ana Elizabete. *A cidadania do fordismo*. 1991. Mimeografado.

MT/PNUD/DRT-BA/CRH-UFBA. *Relatório sobre terceirização e relações de trabalho nas empresas do pólo petroquímico de Camaçari — Subprojeto: "O processo de terceirização e suas conseqüências sobre as condições de trabalho e saúde dos trabalhadores"*. Salvador, maio, 1994.

_____. *Relatório sobre terceirização e relações de trabalho nas empresas do pólo petroquímico de Camaçari — Subprojeto 2: "Terceirização e condições de trabalho: diagnóstico das contratadas"*. Salvador, jan. 1995.

PROGRAMAS DE QUALIDADE TOTAL. Documentos fornecidos pelas empresas.

RUAS, R. Notas acerca da implantação de programas de qualidade e produtividade em setores industriais brasileiros. In: *REUNIÃO DA RED FRANCO — LATINOAMERICANA SOBRE TRABAJO Y TECNOLOGIAS*. Buenos Aires, 1992.

RUAS, R. et al. Avanços e impasses do modelo japonês no Brasil: observações acerca de casos empíricos. In: HIRATA, H. (org.) *Sobre o modelo japonês*. São Paulo, Edusp, 1993.

SALERNO, M. S. Produção, trabalho e participação: CCQ e Kanban numa nova imigração japonesa. In: FLEURY, M. T. & FISCHER, R. (org.) *Processo e relações do trabalho no Brasil*, São Paulo, Atlas, 1985.

_____. Modelo japonês, trabalho brasileiro. In: HIRATA, H. (org.). *Sobre o modelo japonês*. São Paulo, Edusp, 1993.

SILVA, E. B. Refazendo a fábrica fordista? Tecnologia e relações industriais no final da década de 1980. In: HIRATA, H. (org.) *Sobre o modelo japonês*, São Paulo, Edusp, 1993.

TAYLOR, F. W. *Princípios de administração científica.* São Paulo, Atlas, 1987.

THÉBAUD-MONY, A. Crítica da divisão do trabalho, saúde e contra-poderes. *Caderno CRH,* Salvador, UFBA-CRH, n. 19, jul./dez. 1993.

3

VELHAS MOEDAS COM NOVO VALOR: remuneração e benefícios na moderna empresa capitalista

Isabel Cristina C. Cardoso
*Elaine Marlova V. Francisco**

Após cinco anos de pesquisa, mergulhadas nas exigências do trabalho de campo e do tratamento teórico dos dados empíricos, pretendemos, com este ensaio, trazer à tona do debate profissional do Serviço Social algumas questões relativas às mudanças nos sistemas de remuneração e benefícios implementados pelas empresas.[1]

---

* Isabel e Elaine são Mestres em Serviço Social pela UFRJ, Professoras Assistentes da FSS/UERJ e integrantes do Programa de Estudos do Trabalho e Reprodução Social (PETRES) da FSS/UERJ.

1. Ver Francisco, Elaine M. & Cardoso, Isabel C. C., As políticas sociais empresariais e as novas tecnologias de gerenciamento de Recursos Humanos, *Serviço Social & Sociedade*. São Paulo, Cortez, n. 41, abril 1993 e Cardoso, Isabel C. C. & Francisco, Elaine M., Novas tecnologias de gerenciamento e novas demandas colocadas ao profissional de Serviço Social. *Cadernos ABESS*, São Paulo, Cortez, n. 6, set./1993.

73

Nos idos de 1992, quando iniciávamos a discussão acerca das relações entre a implementação de novas tecnologias gerenciais e seus impactos sobre as políticas sociais das empresas, partíamos da hipótese de que às políticas de benefícios e serviços sociais tradicionais (tanto as de corte legal, como as de iniciativa da empresa) somavam-se políticas sociais empresariais vinculadas às metas da produção, pautadas nas exigências das novas competências e conseqüente formatação de um dado comportamento produtivo. Ao terminarmos a pesquisa, no final de 1996, pudemos não só corroborar nossa hipótese, como também evidenciar a maior sujeição da reprodução da força de trabalho à corporação empresarial. Na hipótese inicial supúnhamos, ainda, que as políticas tradicionais voltadas para o conjunto dos trabalhadores da empresa apresentariam uma tendência à retração, se comparadas às políticas de RH vinculadas às metas da produção e voltadas para segmentos específicos dentro do conjunto de trabalhadores. Essa hipótese não se confirmou na medida em que constatamos não só a sua manutenção, mas, também, a sua ampliação, ainda que de forma mais seletiva, hierarquizada e meritocrática.

Assim, tendo como referência as conclusões do nosso processo investigativo,[2] elaboramos o presente texto, que versa sobre o processo de reestruturação produtiva em curso no Brasil, a partir de um estudo de caso realizado junto a uma empresa do setor químico do Rio de Janeiro, líder do ramo de gases industriais em nosso país.

O ângulo sobre o qual incidem as nossas análises, dirige o olhar do leitor para as políticas de gerenciamento da força de trabalho e, de uma forma mais precisa, para o campo dos sistemas de remuneração e serviços sociais destinados à força de trabalho industrial. O elemento condutor que entrelaça as análises ora apresentadas é a política de Qualidade Total, suas exigências e estratégias.

Os esforços de sistematização e de socialização condensados neste artigo geram contribuições para o trabalho do Serviço Social

---

2. Para consulta, ver Stotz, Eduardo N., Francisco, Elaine M. V. & Cardoso, Isabel C. C. *A reestruturação empresarial no estado do Rio de Janeiro e suas inflexões sobre o campo da proteção social da força de trabalho* — Relatório final de pesquisa. Rio de Janeiro, FSS/UERJ, 1997. Mimeografado.

em empresa. O assistente social não encontrará, aqui, um processo de reflexão sobre o Serviço Social. Contudo, a apreensão das alterações contemporâneas nas políticas de gerenciamento da força de trabalho, especialmente nas políticas de remuneração, permite ao assistente social deslindar alguns dos processos centrais que organizam, hoje, o terreno das políticas de Recursos Humanos, campo este onde se inscreve o exercício do trabalho do Serviço Social na empresa.

As conclusões do processo investigativo possibilitam, ainda, apreender o papel estratégico do Serviço Social na defesa de princípios éticos e políticos de não segmentação dos padrões de reprodução social da força de trabalho, intervindo de forma qualificada na formulação e na execução das políticas de Recursos Humanos das empresas.

Para iniciarmos nossas discussões, uma questão de imediato deve ser destacada: o chamado "processo de reestruturação produtiva" é propulsor de novas e antigas relações e práticas de trabalho. Sua definição não está, assim, hipotecada ao surgimento de elementos inexistentes até então, nem tão pouco seu conteúdo deve ser explicado à luz de falsas, porém, sempre reatualizadas, polarizações entre o "moderno" e o "arcaico".

A reestruturação produtiva é definida aqui como um processo que articula visceralmente as instâncias e relações políticas do Estado e da sociedade com o mundo da produção de bens e serviços, e com as práticas sociais e culturais organizadoras da sociedade e, a partir desta, das ações das classes.

Estamos falando, portanto, de um processo que atinge globalmente a realidade, transformando-a ao mesmo tempo em que preserva as particularidades dos contextos nacionais.

A particularidade da reestruturação produtiva no Brasil está na sua vinculação ao conteúdo conservador dos processos históricos de modernização do capitalismo no país, vinculação esta que reitera a exclusão social como uma "seqüela colateral" ao progresso econômico e tecnológico, ao mesmo tempo em que produz novas formas de exclusão.

É este o terreno central de nossas análises e é sobre ele que afirmamos o laço estreito entre o aprofundamento da exclusão

75

e da segmentação sociais e o incremento da subordinação da reprodução social da força de trabalho à corporação empresarial. Este último vetor é avaliado aqui como principal elemento sustentador das políticas de gestão do trabalho e das exigências de qualidade e produtividade postas pelo processo de acumulação industrial.

Um dos principais aliados para a implantação dos programas participativos voltados para a qualidade e produtividade é o que Telles chama de "tragédia social brasileira" (1994: 93):

(...) Se é verdade que a crise econômica dos últimos anos aumentou pobreza e miséria, também é certo que os rumos já tangíveis de reorganização econômica redefinem a questão social pelos riscos de uma dualização da sociedade, dividida entre enclaves de modernidade e uma maioria sem lugar. A reestruturação industrial, as mudanças no padrão tecnológico e transformações na composição do mercado vêm produzindo um novo tipo de exclusão social, em que à integração precária no mercado se sobrepõem o bloqueio de perspectivas de futuro e a perda de um sentido de pertinência à vida social.

Sem desconsiderar os componentes ideológicos que permeiam a adesão dos trabalhadores e constroem o consentimento deles às metas de qualidade e produtividade, é no terreno das precárias condições materiais de reprodução social da força de trabalho que iremos encontrar farto material para nossa análise da participação operária nas empresas.

Algumas das áreas centrais das políticas de treinamento gerencial voltam-se para a qualificação dos gerentes na administração dos conflitos no âmbito fabril e para a difusão e controle dos princípios técnicos e comportamentais da qualidade. Em outras palavras, esta política fundamenta-se a partir do estabelecimento da adesão dos trabalhadores às metas e demandas da qualidade e produtividade. No entanto, entre elaborar políticas de qualidade e produtividade, treinar as altas e médias gerências e alcançar a efetiva participação dos trabalhadores, interpõem-se obstáculos que não são solucionados por um conjunto de princípios administrativos.

O empresariado e a gerência não possuem "falsas ilusões" de que a participação operária ocorrerá voluntariamente, nem que os conflitos de classe desaparecerão como em um "passe de mágica" ao primeiro "toque" de um programa de qualidade. A obtenção desse consenso passa, necessariamente, por formas de incentivos materiais e simbólicos que possibilitam a concretização da integração dos trabalhadores aos requisitos da produção, através do fortalecimento da subordinação da força de trabalho ao capital.

Em uma sociedade onde as desigualdades sociais são aprofundadas por uma conjuntura de implementação de políticas neoliberais — que reduzem o fôlego das políticas sociais públicas voltadas para a proteção social da força de trabalho — a subordinação operária referida anteriormente se expressa na maior dependência da reprodução da força de trabalho à corporação empresarial.

O período transcorrido entre os anos 80 e 90 pode ser caracterizado por um progressivo e substancial processo de desmantelamento das estruturas jurídicas, financeiras e institucionais das políticas sociais públicas no Brasil. Por outro lado — e paralelamente ao sucateamento dos serviços e benefícios sociais do Estado nas áreas de saúde, educação, habitação, assistência e previdência —, vimos assistindo à proliferação de iniciativas privadas em todas as áreas aludidas.

Como expressão deste movimento de privatização das políticas sociais, verifica-se o crescimento dos incentivos fiscais por parte do Estado às empresas que organizam, sob sua responsabilidade, um sistema de benefícios e serviços sociais destinados à força de trabalho. Estes dois últimos movimentos materializam a tendência histórica, no Brasil, de privatização do fundo público.

Verificamos, assim, a partir dos anos 90, uma profunda inversão dos valores que deveriam guiar a seguridade social e que se cristalizaram normativamente na Constituição de 1988. Ou seja, à concessão de direitos sociais construída no terreno da esfera pública — e propiciada pela publicização dos conflitos e interesses de classe — segue-se a compreensão de que *"a seguridade e produtividade do trabalho se resolvem no espaço da moderna empresa"* (Motta, 1995: 24).

Este quadro se agrava quando consideramos o perfil da empresa M, quanto à sua posição de monopólio no mercado — são poucas as empresas concorrentes no ramo de gases industriais

77

no Brasil para onde a força de trabalho poderia migrar em tempos de demissão — e o tipo de processo produtivo, poupador de mão-de-obra.

O perfil de monopólio, associado à característica do processo produtivo, adquirem um significado especial quando referenciados à ameaça do desemprego.

Demarcadas essas considerações, a recorrência às políticas sociais empresariais e aos sistemas de remuneração variável adquirem um significado importante para a análise da relação entre estratégias de produtividade e qualidade e reprodução da força de trabalho. Passamos, então, à análise da configuração do padrão de reprodução social instituído na empresa M.

O ano de 1988 marca o início oficial do programa de Qualidade Total da empresa M. Como estrutura definidora do plano de trabalho, a empresa demarca as seguintes atividades de implantação da qualidade total (QT) para o período de 1988-1989:

1) criação do Comitê de Política da Qualidade, composto pelo presidente e seus diretores, pelo gerente de divisão de Recursos Humanos e pelo gerente de qualidade;

2) definição da estrutura e responsabilidade;

3) lançamento do Programa de QT;

4) estabelecimento do plano de implementação;

5) divulgação do processo da QT para o conjunto dos funcionários;

6) implementação de medidas de qualidade; e

7) treinamento iniciando pelo topo da hierarquia até os níveis operacionais (Processo M de QT, 1988: 41).

O período de 1985-1987 é definido pela empresa como de transição à filosofia da Qualidade Total. Porém, foi através das experiências dos Círculos de Controle de Qualidade (CQs), geradas pelas unidades produtivas, neste intervalo chamado de "transição", que a empresa obteve resultados satisfatórios de participação operária antes mesmo do lançamento oficial do PQT. Os resultados alcançados em dezembro de 1987 permitem verificar a formação de 191 grupos de CQs, com 1.299 membros em seu total e responsáveis pela elaboração de 563 projetos. Em termos absolutos, as propostas de melhoria dos produtos ou processos elaboradas pelos operários circulistas alcançaram, neste mesmo período, a cifra de dois milhões de dólares economizados pela empresa.

Se o período de 1988-1989 foi caracterizado centralmente pela difusão da filosofia da QT — mediante a divulgação de uma "linguagem comum" da qualidade e da incorporação e exteriorização por parte dos gerentes e operários dos princípios e metas da qualidade — os dois anos subseqüentes (1990-1991) marcaram a busca pelos dispositivos técnico-administrativos de garantia e mensuração da qualidade. Assim, preocupações como a introdução da qualidade nas medidas de desempenho, a instituição do Programa de Sugestões, a padronização dos sistemas de controle da qualidade com base nas normas ISO série 9000 e a definição de uma política de reconhecimento e recompensa destacaram-se frente ao conjunto das demais ações e estratégias da empresa.

É importante ressaltar que, entre as estratégias de reestruturação mencionadas, a criação de mecanismos de mensuração da qualidade no sistema de avaliação de desempenho e no sistema de remuneração, insere-se no rol das exigências centrais do processo de reestruturação produtiva, não se caracterizando, portanto, enquanto prerrogativa da empresa.

É neste contexto que a formação de um novo perfil da força de trabalho — capaz de aglutinar habilidades técnicas, desenvolvidas ao longo de um processo de formação profissional, com habilidades sociais, desenvolvidas através da formatação de determinados comportamentos produtivos — ascende ao posto de estratégia central dos processos de reestruturação produtiva.

A preocupação taylorista em retirar do chão de fábrica as microdecisões operárias, esvaziando de conteúdo os postos de trabalho, tinha como pressuposto central a máxima previsibilidade do processo de trabalho tornada possível por um conjunto de ações de padronização do trabalho centralizado pela gerência.

Ora, um dos problemas que se estabelece a partir da introdução de processos de produção e organização do trabalho mais flexíveis é exatamente a margem de situações imprevistas que se interpõe às atividades do processo de trabalho e que não se encontram estruturadas previamente. Para intervir sobre esta questão há que se ampliar a base de conhecimentos e habilidades da força de trabalho para qualificações necessárias à atuação em situações não apenas de rotina, mas também imprevistas.

Quando considerado o perfil dos atributos e habilidades da força de trabalho, o enfoque desloca-se do posto de trabalho para o processo produtivo e suas exigências, sem prescindir, contudo, dos requisitos técnicos de qualificação operária vinculados às atividades desenvolvidas no curso do trabalho.

A capacidade de interpretar diferentes signos verbais e não-verbais, provenientes dos domínios técnico, social e cognitivo, assim como de exteriorizar "novos" comportamentos não-estruturados como prerrogativas de alguns cargos, mas de todos os trabalhadores, passa a definir as condições de realização do trabalho e, de forma mais ampla, de reprodução da força de trabalho.

É no terreno da crise da organização taylorista do trabalho e da emergência de padrões flexíveis de produção e acumulação, que se insere o debate acerca da qualificação e da competência:

> Nesta nova empresa, "a qualificação, correspondência entre um saber, uma responsabilidade, uma carreira, um salário, tende a se desfazer" (P. Rolle, 1985: 35), na medida em que a divisão social do trabalho se modifica. Às exigências do posto de trabalho se sucede "um estado instável da distribuição de tarefas" onde a colaboração, o engajamento, a mobilidade, passam a ser as qualidades dominantes (Hirata, 1994: 133).

Para este artigo, uma questão coloca-se como prioridade, qual seja, considerar se as mudanças nas competências para o trabalho encontram correspondência no segmento gerencial. Voltamos, assim, à empresa objeto do estudo de caso de nossa pesquisa.

É interessante observar que no período de 1988-1989, quando do lançamento oficial do PQT, os resultados objetivados situavam-se preferencialmente na geração e disseminação de uma linguagem comum da qualidade capaz de veicular, de forma clara e precisa, os princípios orientadores dos comportamentos gerencial e operário e os objetivos da empresa com a qualidade. Esta linguagem comum, sua socialização por parte da empresa e sua incorporação pelos agentes do processo produtivo é que permitiria alcançar os demais resultados: conscientização para a qualidade, treinamento gerencial e incremento da participação operária nos CQs.

A linguagem da qualidade é veiculadora de inúmeros signos verbais e não-verbais, de instrumentos formais e previamente organizados (manuais, treinamentos etc.) e de procedimentos informais (treinamento *on the job*). A amplitude das condições para sua existência, contudo, não retira a prioridade do objetivo maior a ser alcançado, no caso, pela empresa M: o aumento de suas margens de lucratividade e rentabilidade para a ampliação de sua posição de monopólio no ramo de gases industriais.

Esta questão se expressa com maior clareza quando verificamos o depoimento de um gerente de RH da empresa:

(...) no momento em que você está percebendo o aumento absurdo da competitividade entre as empresas (...) é fundamental que a gente pense em melhorar os nossos produtos e diminuir os seus custos (...) No fundo (...) isso é qualidade. (...) Eu diria que, extraído o nosso comportamento cultural, é exclusivamente para vencer a competição (gerente de RH da Unidade 1).

Ou, ainda, através de um documento institucional que destaca os seguintes objetivos da empresa com o PQT:

• *manter a posição de liderança no mercado*;

• *permitir uma maior participação dos seus funcionários na vida da empresa*;

• *aumentar a produtividade de todas as operações da empresa*;

• *antecipar-se às futuras exigências do mercado.*

A delimitação dessas duas formulações discursivas possibilita dar visibilidade a uma tensão fundamental que perpassa organicamente o PQT: integrar as formas concretas de obtenção do lucro capitalista com a adesão dos trabalhadores. Se, por um lado, a obtenção do lucro é uma questão estrutural do capitalismo, por outro lado, as estratégias de sua viabilização alteram-se historicamente. Interessa-nos aqui analisar aquelas que se caracterizam pela criação de um comportamento produtivo, por parte da força de trabalho, com forte apelo à participação dos trabalhadores nas metas da produção como um requisito das novas competências. Sendo assim, passaremos a nos debruçar sobre as estratégias da empresa no tocante ao desenvolvimento do PQT e as exigências impostas para a sua viabilização.

Para facilitar a compreensão da lógica de organização do PQT, elaboramos o Quadro 1 com base nas informações obtidas pelas entrevistas e documentos institucionais.

QUADRO 1
Exigências e estratégias do PQT

EXIGÊNCIAS	ESTRATÉGIAS
1) Treinamento gerencial.	• Formais: *Cursos*: Fundamentos da Qualidade; Liderança para a Qualidade; Planejamento, Liderança, Organização e Controle (PLOC); Relação Sindical; Relações Humanas; Tecnologia e Manutenção, entre outros. *Visitas* às unidades de negócios da empresa e a plantas industriais de outras empresas, no Brasil e no exterior. • Informais: *on the job*; rotatividade dos postos de trabalho.
2) Conhecimento sobre o processo de trabalho e as normas da qualidade, bem como qualificação operária.	• Formais: Círculos de Qualidade; Times de Qualidade; Programa de Sugestões; 5 S; ensino formal; escola técnica interna; curso de Fundamentos da Qualidade; cursos específicos direcionados às chefias intermediárias e circulistas sobre CEP; resolução de conflitos; liderança de CQs, entre outros. • Informais: *on the job*, articulados à trajetória profissional.
3) Diminuição do tempo de circulação das informações entre os níveis hierárquicos.	• Eliminação de níveis hierárquicos; • Elaboração de documentos institucionais de circulação interna voltados para gerentes e operários. • Estímulo à "confiança" entre a média gerência e operários, como estratégia informal de circulação das opiniões, informações e demandas. • Programa de Sugestões.
4) Participação operária.	• Times de Qualidade (TQs). • Círculos de Qualidade (CQs). • Programa de Sugestões (PS).

A partir da análise deste quadro podemos evidenciar que a demanda por treinamento e qualificação gerencial é erguida à condição de exigência de implantação e desenvolvimento do PQT.

O tratamento teórico e empírico dispensado pela Teoria do Processo de Trabalho ao papel dos gerentes tem buscado na homogeneização sua principal característica. Ou seja, ao falar da gerência não são destacadas as diferenças, tensões, concepções, processos de trabalho, existentes entre os distintos níveis hierárquicos gerenciais e que atribuem significados e conteúdos nãohomogêneos à ação gerencial. É a crítica a esse pressuposto que permitirá apreender os *gaps* existentes entre a alta e a média gerências da empresa M. Torna-se fundamental recorrermos às principais exigências postas aos gerentes, a partir da implantação do PQT, e que podem ser resumidas na seguinte questão: *somados às atribuições clássicas de controle dos negócios, de organização do processo produtivo etc., cabe à gerência, também, fomentar a adesão dos trabalhadores às normas e demandas da produção através da obtenção do consentimento, sem prescindir, contudo, do uso da coerção quando necessário. Se, de um lado, a adesão dos gerentes a essas normas e demandas é condição do seu próprio processo de trabalho, por outro, isto não elimina a possibilidade de "fissuras" nas formas de adesão, quando consideradas as distâncias hierárquicas.*

Quando consideramos as médias gerências, identificamos a maior proximidade entre estas e o chão de fábrica, tendo em vista que cabe a este segmento gerencial a responsabilidade cotidiana pelas unidades produtivas. São os gerentes das plantas industriais que se relacionam diariamente com os problemas do chão de fábrica, dos clientes, dos fornecedores e, portanto, são os que efetivamente traduzem as políticas da empresa no cotidiano fabril.

Ao delimitarmos o campo das competências gerenciais, identificamos que a questão da participação dos trabalhadores nas metas da produção é responsável pelas principais incorporações de habilidades e requisitos ao perfil dos gerentes. Desta forma, é possível afirmar que as mudanças nas competências para o trabalho, requeridas pela empresa M, se fazem presentes no segmento gerencial.

Alcançado um dos objetivos deste artigo, resta-nos, agora, um segundo desafio: verificar se as mudanças nas estruturas de competências para o trabalho gerencial e operário são implementadoras de alterações nas políticas de administração da força de trabalho. Podemos afirmar que essa correspondência se dá de duas formas: primeiro, pela necessidade de medir esses "novos" comportamentos e, segundo, pela necessidade de garantir a sua existência e constância. Diríamos que é justamente a fluidez dos requisitos da competência que vai exigir que se mensure, que se avalie se esses comportamentos acontecem, através de formas de avaliação de desempenho, assim como se incentive a sua existência através de políticas de recompensa (benefícios e incentivos).

A *imprecisão — o avesso mesmo da codificação que representa a classificação (dos cargos) — marca, assim, a noção de competência. Como diz A. Lerolle analisando essa noção:* "A referência às aptidões pessoais necessárias aos empregos não é certamente uma novidade. Parece entretanto que parte dessas capacidades gerais e mal definidas tende a crescer com a aceleração das variações da organização e das atribuições (de cargos). Quanto menos os empregados são estáveis e mais caracterizados por objetivos gerais, mais as qualificações são substituídas por 'saber-ser'. (A. Lerolle, 1992: 5)" (Hirata, 1994: 133).

Assim, é no âmbito da formatação de comportamentos produtivos que irão se cruzar políticas de incentivo e políticas de avaliação de desempenho. No caso estudado é importante observar como irão coexistir modelos de qualificação e de competência que transparecem nas políticas de mobilidade e ascensão funcional. O plano de carreira da empresa, moldado pelo aspecto da qualificação, está assentado nos requisitos de grau de escolaridade e tempo de casa, e permite uma ascensão em escala vertical com aumento real de salário. A esta política tradicional definida pela relação saber-responsabilidade-carreira, soma-se uma política de avaliação de desempenho que permite uma mobilidade em escala horizontal dentro de faixas salariais.

O estudo das fontes empíricas nos leva, hoje, a estabelecer a correspondência entre mudanças nas competências do trabalho e alteração das políticas de avaliação de desempenho e de remuneração.

As políticas que acabamos de mencionar estão circunscritas ao terreno das políticas de administração de Recursos Humanos.

A partir de 1989, o processo de Qualidade Total da empresa definiu, como uma de suas prioridades de ação até 1991, a introdução da qualidade nas medidas de desempenho e a definição/implementação de uma política de reconhecimento/recompensa. Estas duas esferas passaram, então, ao posto de estratégias centrais da área de RH para o alcance dos objetivos do PQT.

A política de avaliação de desempenho é aqui analisada como o principal elemento estruturador do processo de reestruturação da empresa e de sua expressão institucional, o PQT. Seu objetivo não é o de avaliar fundamentalmente os requisitos de um cargo, mas antes, os atributos e habilidades necessários a todo e qualquer nível hierárquico e profissional.

Para tanto, a empresa instituiu um rito de avaliação anual pautado no desempenho do funcionário no ano anterior e conduzido por um comitê de análise. Este último é composto por "*três funcionários escolhidos previamente e que tenham um bom conhecimento profissional do avaliado (de preferência, clientes internos)*". Após a avaliação, "*chefe e subordinado farão, em conjunto, um plano de desenvolvimento específico para o ano seguinte*".

O instrumento institucional da política de avaliação de desempenho é o formulário "*Análise de desempenho e desenvolvimento*", que estabelece cinco grupos de habilidades a serem avaliadas: 1) qualidade; 2) orientação para resultados; 3) comunicação/relacionamento; 4) gerencial; 5) metas. Dentre estes, o quarto grupo é destinado apenas aos gerentes.

Ao final da avaliação é atribuído um grau global com base em uma escala que institui cinco diferentes graus de avaliação. Cada grupo de habilidades descrito anteriormente define itens de avaliação que recebem os conceitos: "Não Atende", "Atende" ou "Excede". Assim, o grupo qualidade define o foco no cliente, a melhoria contínua, a excelência técnico-profissional, o trabalho em equipe, e a saúde, segurança, meio ambiente e qualidade de vida, como os elementos centrais que todos os trabalhadores, aí incluídas as gerências, devem perseguir em seu desempenho.

Cabe destacar, ainda, o peso do grupo das habilidades voltadas à orientação para resultados. Neste grupo, sobressaem como itens ou critérios de avaliação a iniciativa, o planejamento, a perseverança e a solução de problemas.

Note-se que sobre o chamado terreno das habilidades, erguem-se os fundamentos do que denominamos de novo perfil de comportamento produtivo da força de trabalho. Este deve estar formatado por atitudes que indiquem a associação entre conhecimento técnico do processo produtivo e as atividades nele desempenhadas, e os requisitos e qualidades necessários ao desempenho do trabalho e que, por sua vez, não estão associados a um cargo em especial, ou mesmo a um ramo de atividade industrial específica. É esta característica flexível do comportamento produtivo que permite ao trabalhador, segundo os discursos empresarial e do Estado, efetuar a passagem de uma relação de emprego a uma situação de empregabilidade, adaptando sua condição profissional original e seus conhecimentos técnicos.

É importante destacar que para cada grau da escala de avaliação de desempenho corresponde um nível na escala salarial. Esta política, aqui denominada de escala móvel de salários, também cumpre o papel de incentivo. Sua organização baseia-se em "grades" que são atravessadas pela política de avaliação de desempenho. Uma boa *performance* anual é a expressão concreta da possibilidade de ascensão salarial e funcional.[3]

Na política de salários variáveis, todos os cargos dos diferentes níveis hierárquicos situam-se entre 80% e 120% de suas faixas salariais. Qualquer empregado entra na empresa recebendo 80% da faixa de um cargo, onde os 100% seriam o equivalente à média do salário no mercado e que hoje é reconhecido, por gerentes e trabalhadores, como um salário baixo.

Depois de três meses o funcionário é avaliado e pode chegar a 88% da faixa, e assim sucessivamente até completar um ano de casa, quando é realizada a avaliação de desempenho pelo seu

---

3. Segundo estudo de Cesar, "A administração salarial da empresa tem como base a política de reajustes do governo conjugada à concessão de aumentos espontâneos que podem ser direcionados ao conjunto dos trabalhadores ou não. Dentre os aumentos dirigidos aos trabalhadores individualmente, destacam-se: promoção, mérito, aumento especial, reclassificação, enquadramento e transferência, sendo todos extremamente vinculados aos graus de avaliação de desempenho definidos como: constantemente excepcional (1), constantemente além do normal (2), acima do normal (3a), e abaixo dos padrões normais (3c). (Cesar, 1996: 60).

86

chefe imediato, que conta com a participação de algum cliente interno deste funcionário. O instrumento utilizado é uma planilha pontuada. Dependendo dessa avaliação este funcionário poderá chegar a 120% de sua faixa salarial, sendo que nenhum trabalhador pode pular uma "grade". Ainda que a política salarial possibilite margens de aumento real de salário e de ascensão — e daí se configurar, também, como uma política de incentivos — o seu objetivo de atrelar salário e desempenho encontra-se prejudicado por sua pouca visibilidade junto aos funcionários.

Nesse sentido, os gerentes cumprem o papel de divulgar a política salarial, como uma política de incentivo à produção.

Cabe destacar que os riscos que envolvem o processo de trabalho no setor químico e que, para muitos trabalhadores, confere 30% de adicional por periculosidade, revelam a sua face perversa à medida que a exposição ao risco funciona como um elemento de compensação ao achatamento provocado pela política salarial, além daquele efetuado pela conjuntura econômica recessiva do país.

Um outro elemento que cabe aqui ressaltar é a força compensatória que os salários indiretos ou outras políticas de RH, como a capacitação, exercem diante da situação de defasagem salarial.

O achatamento salarial provocado pela política de salário variável tem o seu limite quando ameaça a obtenção da qualidade. Ou seja, esta política, aliada à conjuntura nacional, tem como resultado concreto o achatamento salarial, ainda que sustentada pelo incentivo do encarreiramento e da mobilidade, ou possível ascensão salarial. No entanto, quando a insatisfação salarial incide sobre os resultados do trabalho e, principalmente, quando compromete a qualidade, então se coloca o limite para esse achatamento. A partir disso, a defasagem salarial é repensada pela empresa. Ainda que a gerência trabalhe com a idéia de que "pior do que salário baixo, é salário nenhum", ela tem noção de que essa desvalorização da força de trabalho compromete a produtividade e anuncia o limite desse achatamento. Até porque o próprio processo de "integração e cooperação" dos operários aos interesses da empresa permite que eles tenham um mínimo de apreensão sobre a realidade empresarial e percebam que, apesar das dificuldades econômicas propagadas pela gerência, a empresa continua obtendo lucros. Está posto, portanto, um limite para o discurso gerencial que justifica a redução salarial.

Se nos detivermos nas formulações da empresa acerca da política salarial, identificaremos que esta é circunscrita ao salário real e ao sistema de avaliação de desempenho que cria níveis de estratificação salarial através de critérios hierárquicos e meritocráticos. Contudo, o enquadramento analítico da questão salarial efetuado neste trabalho, amplia esta concepção para os planos das políticas sociais e de remuneração variável.

A fim de melhor qualificar essa questão, construímos o Quadro 2 que se reporta às políticas sociais empresariais clássicas.

QUADRO 2

BENEFÍCIOS CLÁSSICOS	COBERTURA	
	Geral	Parcial
Vale-transporte •	X	
Vale-refeição (PAT) •	X	
Convênio creche •	X	
Salário educação •	X	
Assist. médico-hospitalar	*	
Assist. odontológica	*	
Seguro de vida em grupo	X	
Ajuda de transferência de funcionários		a partir das médias gerências
Auxílio funeral	X	
Convênios: farmácias, óticas etc.	X	
Ensino formal (supletivo)		dependendo da unidade produtiva
Cesta básica		dependendo da unidade produtiva
Complementação auxílio-doença	**	
Empréstimo emergência	***	
Suplementação de aposentadoria/pensão	X	

(*) Serviço diferenciado de acordo com a capacidade contributiva.
(**) Valor condicionado ao tempo de casa e ao período de afastamento.
(***) Condicionado ao desempenho das três últimas avaliações e ao tipo de situação adversa.
(•) Subsidiado pelo Estado.

O atrelamento da reprodução da força de trabalho ao alcance dos requisitos da qualidade pode ser evidenciado, com maior clareza, a partir do início dos anos 80, com a implantação das primeiras experiências de Círculos de Qualidade na empresa, demonstrando que a formulação das políticas da área de Recursos Humanos acompanhou organicamente o desenvolvimento do processo produtivo.

A partir dos indicadores do Quadro 2, há que se demarcar inicialmente dois campos de políticas da empresa que, se por um lado incidem conjuntamente sobre a reprodução da força de trabalho e sobre a busca de participação operária ao programa de qualidade, por outro, são fundamentados por princípios distintos.

As políticas sociais empresariais clássicas são definidas pela empresa M a partir de três terrenos: 1) Estado, 2) empresa e 3) contratos coletivos de trabalho. Sobre o primeiro incidem aqueles benefícios legalmente regulados pelo Estado e que estipulam a obrigatoriedade da sua concessão por parte da empresa. No segundo terreno encontram-se os benefícios e serviços organizados e administrados pela iniciativa da empresa. Sobre esta "iniciativa" recaem os conteúdos da "ação voluntária" e, portanto, não legalmente obrigatória e que se expressam, por exemplo, nos benefícios do programa de empréstimo emergencial. Por outro lado, esta iniciativa empresarial é também estimulada pelos subsídios fiscais do Estado, que incentivam a organização de benefícios como os vinculados ao PAT (vale-refeição, refeitório, cesta básica etc.). Já o terceiro terreno condiciona o oferecimento de políticas sociais às negociações entre sindicatos e empresas, quando dos períodos de renegociação dos contratos coletivos de trabalho. Integram estas políticas os benefícios vinculados ao plano de saúde, entre outros.

A característica comum entre os benefícios legalmente obrigatórios e aqueles acordados entre sindicatos e empresa é a extensão do direito de acesso a todos os funcionários. Contudo, alguns benefícios ou serviços estipulam critérios diferenciados de elegibilidade por tipo de serviço. É o caso do plano de saúde que se subdivide em plano A e B, com diferenciações internas em termos dos serviços oferecidos. Nesta situação, qualquer funcionário tem direito ao plano de saúde, porém, será a sua

89

posição na hierarquia e na estrutura de remuneração que condicionará a "opção" por um dos planos.

Quanto aos chamados "benefícios e serviços voluntários" da empresa, identificamos uma mixagem entre a extensão da cobertura e do acesso e a estipulação de critérios claros de diferenciação. Contudo, há a primazia da primeira tendência. Para ilustrar a presença dos critérios de diferenciação, selecionamos as ações de ensino formal na empresa. Este benefício não se constitui em uma política social extensiva a todos os trabalhadores de todas as plantas industriais e sedes administrativas. Antes, relaciona-se estreitamente à ação das gerências de duas plantas industriais da empresa no Estado do Rio de Janeiro.

Note-se que às médias gerências não são imputadas responsabilidades com o planejamento das políticas sociais da empresa. Porém, à medida que a gerência se envolve com uma refração da questão social no interior da fábrica, como é a questão da educação, outros vínculos sociais e políticos se estabelecem nas relações de trabalho, conferindo-lhes um caráter denominado pela gerência de *"transparência"* e, em certa medida, de solidariedade entre gerentes e operários da planta. Cabe ressaltar, ainda, que essa situação evidenciada com o benefício do ensino formal no interior da planta também foi constatada em relação a outros tipos de benefícios nessas e em outras plantas fabris, como, por exemplo, o adiantamento de cestas básicas e a concessão de cestas natalinas.

As contradições subjacentes aos mecanismos de reprodução social da força de trabalho encerrados à corporação empresarial revelam-se através de um duplo movimento. De um lado, a luta cotidiana pelo estabelecimento de direitos no âmbito fabril, como as políticas sociais negociadas entre trabalhadores e gerentes no dia-a-dia do trabalho, ou entre sindicatos e empresas, através de negociações coletivas, tem impulsionado historicamente a democratização das relações de trabalho no Brasil, quando comparadas ao padrão de utilização e exploração da força de trabalho nos anos 70. Assim, a possibilidade de retração/ampliação da exploração não é prerrogativa de sujeitos políticos coletivos, como os sindicatos, passando a ser compartilhada pelos próprios trabalhadores em suas experiências concretas de trabalho.[4] Não obstante, a concepção e o exercício do direito circunscritos às políticas sociais empresariais esbarram nos limites estreitos do contrato de trabalho, uma vez que é a condição de empregado formal da empresa que possibilita o acesso ao conjunto das políticas de reprodução social. Uma vez fora do circuito do mercado de trabalho da empresa, desfazem-se, automaticamente, as bases de constituição do direito contratual e, com estas, as condições de reprodução social.

Cardoso, em seu estudo das políticas sociais empresariais, associa o fundamento inscrito nessas políticas ao direito contratual que se define em oposição ao direito social.

"Os elementos definidores do direito contratual e que correspondem a sua principal diferença em relação ao direito social podem ser analisados a partir das seguintes características: 1) o direito contratual possui no contrato de trabalho e no vínculo de emprego seus principais instrumentos de materialização do acesso aos serviços e benefícios sociais contratados. 2) É a corporação empresarial, e não o Estado, a principal instância de legitimação e realização do direito contratual. 3) O tempo de duração do direito contratual, vincula-se ao momento em que o contrato de trabalho for novamente negociado entre as partes contratantes, ou que o vínculo ao emprego for desfeito. 4) Os serviços e benefícios sociais objetos do direito contratual são destinados única e exclusivamente às partes contratantes (1995: 231).

Ampliando os horizontes de nossas análises sobre o padrão de reprodução social da força de trabalho na empresa M e as atribuições gerenciais circunscritas a este campo, passaremos a nos deter sobre os sistemas de remuneração variável.[5]

---

4. Paoli, em seu estudo sobre as interpretações sociológicas da história operária no Brasil, já apontava a necessária superação de uma visão "messiânica" da classe trabalhadora, por parte da literatura, que obstaculizava a compreensão dos nexos de articulação entre as práticas de resistência e a organização operária nos âmbitos da fábrica e da esfera pública. A autora demarca, assim, a importância de se considerar "*o significado da dominação vivida*" e, nesse sentido, do desvendamento das experiências cotidianas dos trabalhadores através das quais estes se reconhecem como membros de uma mesma classe (Paoli, 1987).

5. Denominamos remuneração variável a política de premiação e incentivos, em contraposição à política de salário variável referente à escala móvel de salários.

91

O critério definidor da remuneração variável é a maleabilidade, a flexibilidade com que a administração pode conduzir e adequar uma dada forma de remuneração às metas dos negócios e da produção, uma vez que não se vincula ao salário de forma compulsória, mas sim, e apenas, através do cumprimento individual ou coletivo das referidas metas. Um dos resultados desta flexibilidade se expressa na limitação dos encargos sociais para a empresa, pois as remunerações obtidas na ocasião do alcance de uma determinada meta, por parte de um ou mais operários, não são acrescentados como valor fixo sobre o salário.

Sobre esta questão, verificamos o cuidado da empresa com os aspectos jurídico-trabalhistas, a fim de não caracterizar as premiações e bonificações da remuneração variável como direitos adquiridos. Para tanto, a empresa preocupa-se em criar mecanismos de intervalo de tempo entre a elaboração de sugestões, aprovação das mesmas e premiação.

Assim, enquanto os benefícios e serviços das políticas sociais da empresa possuem um caráter significativamente extensivo a todos os trabalhadores, a remuneração variável é altamente seletiva, excludente e meritocrática.

As principais fontes de recompensa material integradoras da remuneração variável são o PER e o QER e os prêmios em dinheiro aos trabalhadores que obtenham aprovação e implementação de uma proposta de qualidade no âmbito dos CQs ou do Programa de Sugestões (PS). Veja o Quadro 3.

QUADRO 3
Incentivos vinculados às metas da produção/Remuneração Variável

TRABALHADORES	GERENTES
Prêmios em dinheiro para trabalhos aprovados de CQs e PS	Bônus, viagens, compra de ações da matriz da holding
Prêmio especial de reconhecimento (PER)	Prêmio especial de reconhecimento (PER)
Qualidade excelência e resultados (QER)	Qualidade excelência e resultados (QER)

Como afirma Cesar, o conjunto dessas ações de remuneração tem como objetivo recompensar (financeiramente) a participação e ações de qualidade, tanto individual quanto em grupo, o conjunto de profissionais que alcançarem ou superarem suas metas ou cotas estabelecidas por unidade/negócio e o desempenho individual dos empregados que tenham contribuído para um significativo impacto nos resultados da empresa (1996: 63).

Passamos a destacar alguns fragmentos de entrevistas que melhor definem essas estratégias.

Quanto ao CCQ,

(...) o trabalho é pago, é remunerado em até U$50 por trabalho para cada um dos participantes do Círculo de Qualidade, em função dessa pontuação que varia de 40 a 100%. 100% significa U$50 ou U$55 (gerente da Unidade 1).

Quanto ao QER,

(...) aí entra tudo, aí são negócios. Aí é lucro de operação, lucro de imposto de renda, uma série de coisas. Aí é resultado mesmo. Produtividade, quantidade de vendas, está dentro do negócio. Mas, o que se mede com o QER é a produtividade do negócio como um todo. São metas desafiadoras, são metas importantes e que você vai medindo mês a mês (gerente de RH da Unidade 1).

Quanto ao PER,

O PER não é bem um incentivo. É o que a gente chama de reconhecimento. É um prêmio especial de reconhecimento para funcionários que se destacam em determinadas funções, determinadas ações (...) o PER é pedido pelo gerente, pelo superior. O grupo de RH só faz uma primeira análise, anexa ao pedido as últimas avaliações de desempenho do funcionário, porque isso é importante para você analisar. Um cara com desempenho 3C, três anos seguidos, se alguém estiver pedindo um PER para ele, tem alguma coisa errada (gerente de RH da Unidade 1).

A introdução destes mecanismos tem como alvo os operários do chão de fábrica, as médias gerências das unidades e os funcionários da área administrativa. Neste sentido, é atribuída às gerências a função de estímulo ao envolvimento dos funcionários, ao mesmo tempo em que se constituem como um segmento a ser estimulado pela empresa para o desenvolvimento desta tarefa.

A participação operária nas estratégias de premiação à qualidade e produtividade não pode ser reduzida a uma concepção de "consenso" que subtrai as condições de vida e de trabalho cotidianas a que está exposta a esmagadora parcela da força de trabalho em nosso país, como variável importante na definição das estratégias e ações operárias. Este quadro torna-se ainda mais complexo quando evidenciamos a defasagem do salário real da força de trabalho na empresa.

Considerações finais

As análises efetuadas até o momento sobre o material empírico nos permitem sistematizar algumas considerações centrais acerca das alterações implementadas nas políticas de administração da força de trabalho.

Como estratégia para o alcance de novas competências para o trabalho pautadas em um daco comportamento produtivo de gerentes e operários, a empresa M opera mudanças nas políticas de administração da força de trabalho que fortalecem os elos de subordinação do trabalhador através do atrelamento de suas necessidades de reprodução social ao contexto da corporação empresarial.

Entre os indicadores de alterações nas políticas de administração da força de trabalho, destacamos: 1) segmentação da política salarial em escalas de remuneração dependentes do sistema de avaliação; 2) vinculação orgânica do sistema de avaliação às metas do PQT; 3) introdução de sistemas de premiação e incentivo à participação operária e gerencial; 4) manutenção, com relativo crescimento, dos benefícios e serviços sociais; 5) centralidade de treinamentos do tipo *on the job* e "focais" para o controle da qualidade; 6) valorização da escolaridade como critério de ascensão vertical; 7) aproximação entre gerência e "chão de fábrica"; 8) valorização de critérios "comportamentais" para conformação do perfil da força de trabalho; 9) desvalorização do salário real diante da mediana salarial do mercado.

O conjunto dos indicadores expostos reafirma a hipótese da pesquisa de que as estratégias de reestruturação produtiva pressupõem o fortalecimento da subordinação da reprodução social da força de trabalho às metas e condições da produção, como critério para o alcance da chamada cooperação e participação operária às novas demandas da acumulação capitalista. Assim, a chamada "flexibilização" do processo de produção e acumulação capitalista tem se traduzido como "flexibilização" das instituições que sedimentam direitos sociais e políticos na esfera do trabalho, transformando o mercado e, dentro deste, o espaço da empresa como instâncias centrais de mediação da própria reprodução social da força de trabalho.

Referências bibliográficas

CARDOSO, Isabel C. C. *Reestruturação industrial e políticas sociais no Brasil dos anos 80.* Dissertação de mestrado. ESS/UFRJ, 1995.

_____. & FRANCISCO, Elaine M. Novas tecnologias de gerenciamento e novas demandas colocadas ao profissional de Serviço Social. *Cadernos ABESS.* São Paulo, Cortez, n. 6, set. 1993.

CESAR, M. J. A reestruturação industrial e as políticas de Recursos Humanos: um estudo de caso no setor químico. *Em Pauta — Revista da Faculdade de Serviço Social da UERJ,* Rio de Janeiro, FSS/UERJ, n. 9, nov. 1996.

EMPRESA "M". Processo "M" de Qualidade Total. Rio de Janeiro, 1988. Mimeografado.

FRANCISCO, Elaine M. & CARDOSO, Isabel C. C. As políticas sociais empresariais e as novas tecnologias de gerenciamento de Recursos Humanos. *Serviço Social & Sociedade,* São Paulo, Cortez, n. 41, abril 1993.

HIRATA, Helena. Da polarização das qualificações ao modelo da competência. In: FERRETTI, C. J. et al. *Novas tecnologias, trabalho e educação. Um debate multidisciplinar.* 2. ed. Petrópolis, Vozes, 1994.

MOTA, Ana Elizabete. *Cultura da crise e seguridade social*. São Paulo, Cortez, 1995.

PAOLI, M. C. Os trabalhadores urbanos nas falas dos outros. Tempo, espaço e classe na história operária brasileira. In: LOPES, J. S. L. (coord.) *Cultura & identidade operária — aspectos da cultura da classe trabalhadora*. Rio de Janeiro, UFRJ/Marco Zero/Proed, 1987.

STOTZ, Eduardo N., FRANCISCO, Elaine M. V. & CARDOSO, Isabel C. C. *A reestruturação empresarial no estado do Rio de Janeiro e suas inflexões sobre o campo da proteção social da força de trabalho — Relatório final de pesquisa*. Rio de Janeiro, FSS/UERJ, 1997. Mimeografado.

TELLES, V. S. Sociedade civil e construção de espaços públicos. In: DAGNINO, E. (org.) *Anos 90, política e sociedade no Brasil*. São Paulo, Brasiliense, 1994.

4

OS SERVIÇOS NA CONTEMPORANEIDADE:
notas sobre o trabalho nos serviços

*Maria Dalva Horácio da Costa**

Ao incursionar sobre o tema dos serviços, a minha atenção está voltada para dois aspectos: a sua dimensão no atual estágio de desenvolvimento da produção capitalista e as particularidades do trabalho que se realiza neste setor.

Dada a complexidade e abrangência do assunto,[1] neste ensaio restrinjo-me a expor o tratamento teórico dispensado ao tema por alguns autores que tratam da questão no campo da teoria crítica.[2]

---

* Professora da Universidade Federal do Rio Grande do Norte e mestranda em Serviço Social na UFPE.

1. Este tema é objeto de investigação da pesquisa "O processo de trabalho nos serviços de saúde e a inserção do serviço social". Trata-se de um dos subprojetos do Projeto Integrado de Pesquisa "Reestruturação produtiva e precarização da força de trabalho no Brasil", e integra as atividades do Grupo de Estudos e Pesquisas do Trabalho (GET) da UFPE.

2. Refiro-me aos textos clássicos de Marx, particularmente ao Capítulo VI Inédito de *O capital*, aos Livros, I e II de *O Capital* e às interpretações de Braverman, Mandel e alguns autores contemporâneos.

Com este texto, meu propósito é o de contribuir, na esfera da produção intelectual do Serviço Social, com o conjunto das discussões que problematizam a natureza da participação e da inserção do trabalho dos(as) assistentes sociais no setor de serviços.[3]

Ao longo do século XX — particularmente nas três últimas décadas — o processo de incorporação das atividades de serviços à forma capitalista de produção põe em evidência um acelerado processo de expansão e diversificação do setor de serviços. Esta expansão dos serviços, ao mesmo tempo que imprime novas características ao trabalho, também expressa a dinâmica da atual recomposição do capital que modifica demarcações tradicionalmente reconhecidas entre os setores industriais, financeiros, comerciais e de serviços.

Na realidade atual, as atividades de serviços passam a ser parte da dinâmica de acumulação, vindo a se configurar como uma das questões que assume relevância no conjunto das recentes transformações societárias, aí incluídos o processo de reestruturação produtiva e a globalização da economia.

A rigor, a esfera dos serviços passa a se constituir em uma fronteira móvel, passível de redefinições em função das necessidades do processo de acumulação, que modificam as relações entre os diversos capitais, entre as esferas da produção, distribuição e circulação e os requerimentos e mecanismos necessários à reprodução da força de trabalho.

São exatamente estas mudanças que levaram alguns cientistas sociais a defender a tese do fim da centralidade do trabalho na determinação da sociabilidade capitalista, tomando as características distintas do processo de trabalho na produção de bens e na de serviços como determinantes da emergência de "novos atores e processos sociais", cujos conteúdos do trabalho romperiam com a racionalidade típica do processo de produção industrial.

Meu argumento é o de que as mudanças nos processos de produção são mobilizadoras de novas formas de combinação do

---

3. A riqueza deste debate está materializada no conjunto das discussões encaminhadas pela ABESS a partir de 1993, quando da reforma do currículo do curso de Serviço Social. Sobre o assunto, ver Formação profissional: trajetórias e desafios. *Cadernos ABESS*, São Paulo, Cortez, n. 7, 1997.

trabalho dos assalariados dos serviços e dos que atuam no processo material de produção, dando origem a uma nova composição do trabalhador coletivo e, conseqüentemente, à emergência de novas formas de cooperação.

Este posicionamento, longe de sugerir a negação de particularidades nos conteúdos, processos e métodos de trabalho na esfera da produção e na dos serviços, afirma a emergência de novas atividades no setor de serviços e a combinação destas com os serviços tradicionais e com as novas formas de produção material.

A complexidade destas novas relações requerem a problematização e qualificação do trabalho no setor dos serviços a partir do ponto de vista do processo de valorização e das novas formas de subordinação do trabalho ao capital.

Do ponto de vista da crítica da economia política, sobretudo na definição elaborada por Marx, "serviço não é em geral mais do que uma expressão para *o valor de uso particular* do trabalho, na medida em que este não é útil como coisa mas como atividade (...). É nada mais que o efeito útil de um valor de uso, seja ele mercadoria ou trabalho" (1978: 78).

Mesmo considerando que, quando Marx examinou a questão dos serviços, seu nível de desenvolvimento ainda se encontrava restrito à dimensão de serviços pessoais, é importante destacar a importância do conceito por ele adotado, já que alguns serviços, particularmente aqueles voltados para a reprodução material da força de trabalho, e objeto de consumo individual e/ou coletivo (saúde, educação, transporte etc.) preservam o seu caráter de uma atividade que materializa um valor de uso.

Neste caso, as atividades de serviço estão estreitamente relacionadas ao efeito útil do trabalho enquanto uma ação que se desenvolve numa relação direta entre *produtor* (individual ou coletivo) e *consumidor*. Segundo Nogueira, "(...) a palavra serviço exprime simplesmente o valor de uso particular do trabalho útil como atividade e não como objeto" (1990: 4-5).

Ainda que a expansão e diversificação dos serviços tenham generalizado a utilização da expressão "serviços", o valor de uso particular do trabalho útil é preservado mesmo quando o serviço é realizado nos moldes da organização capitalista da produção.

Assim sendo, mesmo que possam adquirir uma expressão mercantil, em função da natureza das relações capitalistas e da mediação que estabelecem no consumo de algumas mercadorias, os serviços — particularmente aqueles voltados para as necessidades de reprodução material da força de trabalho — não se configuram como uma mercadoria. Estes serviços não representam trabalho social materializado em algum bem cuja origem e destino estejam presos necessariamente aos atos de compra e venda no mercado, razão maior deles se diferenciarem de uma mercadoria propriamente dita (Nogueira, 1990: 2).

Sobre este tema, Braverman (1987: 303-4) afirma que, no caso dos serviços,

> os efeitos úteis do trabalho (...) não servem para constituir um objeto vendável que encerre seus efeitos úteis como parte de sua existência na forma mercadoria. Ao invés, os próprios efeitos do trabalho *transformam-se* em mercadoria. Quando o trabalhador não oferece esse trabalho diretamente ao usuário de seus efeitos, mas, ao invés, vende-o ao capitalista, que o revende no mercado de bens, temos então o modo de produção capitalista no setor dos serviços.

Assim, o processo de incorporação dos serviços ao modo de produção capitalista consiste em mercantilizar os efeitos úteis do trabalho em serviços.

Segundo Nogueira,

> os serviços definem-se essencialmente por sua utilidade imediata: servem, em primeiro lugar, em uma relação de exterioridade com o usuário, para recuperar, preservar ou tornar melhor um bem, ou alguma coisa que já possui (...). Em segundo lugar, servem ao usufruto mais pessoal, em uma relação direta com a personalidade do usuário, em que o sentido de utilidade está condicionado estreitamente por valores e comportamentos socialmente reconhecido. Todas essas formas de serviços realizam-se na esfera do consumo privado,[4] individual ou coletivo, e são de utilidade para os indivíduos enquanto consumidores (1994: 72).

---

4. A denominação "consumo privado" serve apenas para estabelecer uma oposição ao consumo produtivo e não deve ser entendida no sentido de ser restrita a um indivíduo

Por isso mesmo, em geral, os serviços terminam sendo identificados como serviços de consumo (ou serviços propriamente ditos), contrapostos a serviços de produção e circulação de mercadorias como é o caso do comércio, do transporte, das atividades bancárias e financeiras etc. (ibidem).

Com o crescimento dos serviços, alteram-se não apenas as fronteiras da divisão social e técnica do trabalho, especialmente aquelas que dizem respeito às fronteiras existentes entre os serviços de consumo privado e coletivo, entre os serviços de consumo, de produção e de circulação, mas, essencialmente a função que têm os serviços no processo de acumulação capitalista, na realidade atual.

Historicamente, os serviços têm transitado do campo do desenvolvimento de "serviços pessoais" (trabalhos domésticos), para a estruturação de serviços coletivos enquanto resultantes de necessidades subsidiárias, ligadas à produção (transporte ou distribuição), para alcançar expressividade máxima na sociedade contemporânea através da expansão das atividades como as de saúde, de ensino, de pesquisa e de administração.

Esse processo de transição não se refere a uma mera evolução das atividades de serviços, mas, antes, está vinculado ao desenvolvimento das forças produtivas e ao processo de constituição de novas necessidades coletivas, necessidades estas que passam a ser de interesse do capital, transformando o seu atendimento em atividades lucrativas.

Segundo Braverman,

> na fase do capitalismo monopolista, o primeiro passo na criação do mercado universal é a conquista de toda a produção de bens sob a forma de mercadoria; o segundo passo é a conquista de uma gama crescente de serviços e sua conversão em mercadorias; e o terceiro é um "ciclo de produtos", que inventa novos produtos e serviços, alguns dos quais tornam-se indispensáveis à medida que as condições da vida moderna mudam (1987: 239).

---

em particular. De fato, o consumo dos serviços ocorre freqüentemente em forma coletiva, como numa escola, ou num hospital etc. Cf. Nogueira, 1990: 7.

101

Sobre a questão da expansão dos serviços, Mandel (1980: 272), enriquecendo os argumentos de Braverman, afirma que

> enquanto o capital era relativamente escasso, concentrava-se na produção direta de mais-valia, nos domínios tradicionais da produção de mercadorias. À medida que acumula excedentes cada vez maiores, e uma parcela considerável do capital social já não consegue uma valorização, as novas massas de capital penetrarão cada vez mais nas áreas não-produtivas, no sentido de que não criam mais-valia, onde tomarão lugar do trabalho privado e da pequena empresa de maneira tão inexorável quanto na produção industrial 100 e 200 anos antes.[5]

Esse processo assume tal relevância para a ampliação das fronteiras de realização do capital, ao ponto de Mandel identificá-lo como uma característica do capitalismo tardio. Ele chama a atenção para o fato de que "se a disponibilidade de grandes quantidades de capital que não podem valorizar-se na indústria propriamente dita é um pré-requisito para a expansão do chamado setor de serviços, uma grande diferenciação do consumo, especialmente do consumo dos assalariados e da classe operária, é um pré-requisito complementar a essas novas formas e campos da acumulação de capital" (Idem: 273).

Nestes termos, Mandel expõe um interessante argumento que parece explicar, por exemplo, a expansão mercantil dos serviços de saúde, educação, previdência, lazer, considerados como de consumo coletivo para os trabalhadores. Assim, Mandel mostra que a diferenciação das necessidades de consumo, sobretudo a dos consumidores assalariados, especialmente da classe operária, constitui um dos elementos e/ou pré-requisito à expansão do processo de acumulação. Segundo ele, as necessidades de consumo

---

5. Segundo Mandel (1980: 280), "o setor de serviços privado do século XIX consistia basicamente na troca entre vendedores especializados e rendimentos capitalista; isso não fazia diferença na determinação da massa total de mais-valia, uma vez que tudo quanto ocorria nessas condições era uma redistribuição de valores já criados. No capitalismo do século XX, o setor de serviços na esfera do circulação consiste basicamente na troca entre possuidor de rendimentos (tanto capitalistas, quanto assalariados). Essa troca não participa diretamente da determinação da massa de mais-valia, mas mesmo assim exerce sobre ela influência indireta, pois ajuda a aumentar a massa de mais-valia, reduzindo o tempo de giro do capital circulante".

passam a expressar um meio de dinamização (incremento no processo de circulação) no chamado "mercado interno" para bens ou serviços de consumo.

Note-se que, em geral, Mandel considera os serviços improdutivos, exceto os serviços de transporte, gás e energia elétrica, que são por ele considerados como parte da infra-estrutura da produção industrial, dada a relação direta de subsidiariedade, e sua capacidade de auto-sustentação e até de produção de mais-valia relativa. Segundo ele,

> os custos do setor serviços (edifícios, aparelhagem, automóveis, ordenados, salários) não são cobertos por uma produção de mais-valia, mas sim pelo capital social (isto é, mais-valia acumulada no passado). Esses custos são repostos por meio da reconstrução de parte do capital social agregado e não por uma drenagem da produção contínua de mais-valia (Idem: 280).

Embora considere correta a fórmula "trabalho produtivo é trabalho que cria mais-valia", Mandel a considera insuficiente para definir os limites do trabalho produtivo, sobretudo ao considerar que no capitalismo tardio "o setor serviços se expande tanto que absorve uma parte considerável do capital agregado" (ibidem).

Nesse sentido, o autor critica a mera transposição, para o setor de serviços, dos conceitos de trabalho produtivo e improdutivo como elaborados originalmente por Marx (Mandel, 1980: 282-3). Seu argumento é o de que a "penetração de capital nas esferas da circulação, dos serviços e da reprodução pode levar a um aumento da massa de mais-valia" (ibidem).

A rigor, este movimento propulsor do aumento da mais-valia pode ser identificado, por exemplo, no caso do setor de transportes, que se vincula com as funções produtivas do capital industrial propriamente dito; no comércio e serviços de crédito que aceleram o tempo de rotação do capital produtivo circulante; ou, ainda, no caso da substituição do consumo de serviços domésticos (que dependem dos rendimentos privados) pelo consumo de mercadorias que contêm mais-valia ampliando os limites da produção.

Pelo que expõe Mandel, a questão da classificação das funções do capital em produtivas e improdutivas está mais afeta

103

à divisão social e técnica do trabalho do que ao papel (produtivo ou improdutivo) de cada capital particular, posto que, a expansão dos diversos capitais está inexoravelmente relacionada com a sua capacidade de contribuir para o processo de reprodução do capital em geral.

Seguindo a mesma lógica, Pagotto (1996: 102) opina que o critério de classificação do que seja produtivo ou improdutivo, material ou imaterial é aquele que permite entrever a subsunção das atividades específicas em questão, às normas de organização da produção capitalista. O que importa é que estão cada vez mais integrados no trabalho coletivo.

No dizer de Oliveira (1979: 145), as interconexões e as relações que se estabelecem entre as funções da circulação, distribuição e consumo com os setores ditos produtivos *stricto sensu* (primário e secundário) é que garantem a acumulação capitalista.

Na interpretação de Lojikine (1995: 242), há uma interpenetração entre as funções produtivas e as ditas improdutivas, a partir das quais são estabelecidos novos laços entre produção material e serviços, entre saberes e habilidades, que se articulam para responder às exigências de interconexão dos mercados que demandam a vinculação entre o trabalho na indústria, serviços e pesquisa científica através de uma rede em que se articulam o "produtivo" e o "improdutivo", determinando a emergência ou a substituição de determinada forma de organização e prestação de serviços.

Isso significa que, particularmente os serviços, inclusive os serviços informacionais, não estão isolados na esfera do imaterial. Ao contrário, requisitam suportes físicos e/ou meios de consumo coletivos remetendo a um consumo que, embora não seja produtivo, no sentido estrito do termo, intervém de modo decisivo no crescimento e na produtividade global do trabalho (Lojikine, 1995: 259).

Citando Boccara, Lojikine (1995: 274) afirma que isso é possível porque, embora as atividades de serviço não criem produtos materiais nem sobreproduto físico, consomem produtos materiais e sobreproduto para elevar a produtividade e a eficácia do trabalho produtivo. E acrescenta que justamente porque não produzem por si mesmo produtos materiais, mas os consomem, as atividades de serviços não podem ser submetidas ao mesmo critério de "produtividade" das atividades produtivas (ibidem).

Ao tratar sobre a questão da expansão dos serviços, Mandel (1980: 274) confere especial destaque à inclusão das necessidades de reprodução dos trabalhadores, afirmando que, dialética e contraditoriamente, tal inclusão se constitui em um dos determinantes da expansão das atividades de serviços. Ele, inclusive, elenca as seguintes mediações "históricas" deste processo:

• declínio secular da proporção dos meios de subsistência "puros" nos salários reais da classe operária, reduzindo o componente do valor da mercadoria força de trabalho à reprodução fisiológica;

• desorganização progressiva da família proletária enquanto unidade de produção, e sua tendência a se desfazer como unidade de consumo;

• reabsorção das necessidades culturais do proletariado pelo processo capitalista de produção e circulação de mercadorias, levando a uma extensa "reprivatização" da esfera da reprodução, implicando também a ruptura da solidariedade operária e/ou a substituição de atividades autônomas ou "livres" pelo consumo de produtos estandardizados, de que são exemplo a substituição dos programas recreativos das organizações dos trabalhadores por esportes, excursões, férias, livros e jornais comercializados;

• a substituição das tradicionais práticas de "cura doméstica" das doenças por medicamentos industrializados, serviços médicos etc.;

• compulsão econômica direta para comprar mercadoria e serviços, sem os quais se torna fisicamente impossível vender a mercadoria força de trabalho e comprar os meios de sua reprodução;

• diferenciação do consumo ou expansão do consumo de mercadorias, como resultado da pressão social (publicidade, conformismo);

• ampliação genuína das necessidades (padrão de vida) do assalariado, que corresponde a uma elevação de seu nível de cultura e civilização.

105

Sobre esta discussão, a primeira conclusão que posso fazer é que, contraditoriamente, a incorporação, pelo capital, das necessidades de reprodução da força de trabalho foi quem determinou a ampliação da oferta mercantil de serviços sociais e que passaram a ser indispensáveis ao processo de reprodução da força de trabalho e do próprio capital.

Segundo Mandel, "a relação privada entre aquele que vende força de trabalho e aquele que gasta rendimentos privados, predominante até o século XIX e analisada por Marx, converte-se, na passagem do século XX, cada vez mais, em um serviço capitalista, objetivamente socializado" (1980: 270).

Para demonstrar a sua tese, o autor faz a seguinte recorrência empírica:

> O médico, profissional liberal, é substituído por uma policlínica com especialistas afiliados ou por médicos empregados pelas grandes companhias; o advogado independente dá lugar ao grande escritório ou aos conselheiros legais de bancos, empresas e administração pública. (...) O alfaiate pela indústria de confecção, o cozinheiro pela produção em massa de alimentos pré-cozidos etc. (ibidem).

Mandel aprofunda essa discussão ao demarcar que a expansão dos serviços deriva da tendência à centralização — técnica e econômica — inerente à produção capitalista (generalizada) de mercadorias, baseada na crescente socialização e divisão do trabalho. Assim, afirma que

> *tecnicamente*, uma divisão crescente do trabalho só pode combinar-se com uma socialização crescente e objetiva do trabalho por meio de uma ampliação das funções intermediárias: daí a expansão sem precedentes dos setores de comércio, transporte e serviços em geral; *economicamente*, o processo de centralização só pode manifestar-se por meio de uma centralização crescente de capital, entre outras, sob a forma de uma integração vertical de grandes empresas, firmas multinacionais e conglomerados (grifos nossos) (Mandel, 1980: 269).

Em outros termos: quanto mais generalizada a produção de mercadorias e quanto mais adiantada a divisão de trabalho, mais essas funções intermediárias precisam ser sistematizadas e racionalizadas, a fim de assegurar a produção e vendas contínuas. A tendência à redução do tempo de giro do capital, inerente ao modo de produção capitalista, só pode tornar-se realidade se o capital (comercial e financeiro) se apossar cada vez mais dessas funções intermediárias (Mandel, 1980: 269-70).

Ampliando essa discussão, Singer (1989: 133), ao tratar a questão da expansão contemporânea dos serviços, critica a tese de que o aumento da demanda por serviços se deve apenas ao crescimento de renda *per capita*, e sugere a existência de outras relações de determinação, como: inovações no secundário; inclusão de frações de classes, antes excluídas da produção e consumo de serviços; e expansão dos serviços de controle.

Conforme Paggoto (1996: 89-90), o novo terciário nasce a partir de meados da década de 50, como arranjo das atividades produtivas tradicionais, identificadas até meados dos anos 50 como profissionais liberais, trabalhadores de escritório ainda dotados de conhecimento de ofício e pequenos empresários. Essa expansão gerou as condições que caracterizam a primeira fase de informatização do setor de serviços, conhecida pela centralização e padronização dos procedimentos. Acrescenta, ainda, que "a magnitude alcançada por essas atividades causou forte realinhamento na composição das classes trabalhadoras em direção ao assalariamento de vários profissionais liberais (Idem: 91).

Discorrendo sobre o processo de "acumulação flexível", Harvey afirma que a expansão dos serviços também se deve, em boa parte, ao crescimento da subcontratação e da consultoria, o que tem permitido que atividades antes internalizadas nas empresas manufatureiras (como marketing, publicidade, secretaria etc.) sejam entregues a empresas separadas (apud Lojikine, 1995: 149).

Assim sendo, não se trata de uma substituição do operário fabril por uma nova classe de trabalhadores da informação, nem absorção de novas camadas assalariadas dos serviços em uma "classe operária ampliada". O que se constata, especialmente, são processos complexos, contraditórios, de aproximação, mas também de diferenciação, entre assalariados da produção e assalariados dos serviços, cujas formas originais de "proletarização" nos anos 80 (precarização, desqualificação, sub-remuneração) colocam em questão antigas clivagens de categorias entre dirigentes e operários e, mais profundamente, entre produtivos e improdutivos (Lojikine, 1995: 243).

Para Lojikine, a definição de trabalhador produtivo e improdutivo passará pela identificação precisa da diferenciação concreta entre atividades que participam do processo de produção de mais-valia e as que apenas produzem lucros (1995: 279); em outros termos, "a determinação original de trabalhador coletivo, derivada da própria natureza da produção material, permanece sempre verdadeira para o trabalhador coletivo, considerado como coletividade; mas ela já não é válida para cada um de seus membros tomados isoladamente" (1995: 275).

No entender de Carleial (1994: 65), todas essas modificações com vistas à retomada e à sustentação da acumulação capitalista em nível mundial, "teriam naturalmente que exigir, efetuar e comandar mudanças na estrutura dos mercados de trabalho, nas qualificações necessárias para o processo de trabalho, nas estruturas ocupacionais das empresas e, finalmente, na relação entre emprego nas fábricas, escritórios e na própria sociedade".

Para Paggoto (1996: 95), as transformações tecnológicas que afetam o setor terciário não se restringem ao âmbito do processo de trabalho. Elas extrapolam esses limites, denunciando um elo relacional ativo entre as estruturas ocupacionais, divisão social do trabalho e constituição das classes sociais.

Essa integração funcional ou interpenetração cresce com o progresso da divisão social e técnica do trabalho e cada vez mais embaça as fronteiras entre a produção de mercadorias propriamente dita e a produção de serviços, já que os serviços passam a desempenhar papel significativo na esfera da circulação do capital.

De fato, como discorre Nogueira (1991: 7), o que há de novo e decisivo atualmente é a subordinação de ambas as formas de capital (o capital em serviços e o industrial) aos ditames e à dinâmica do capital financeiro, dentro das formas nacionalmente variadas do capitalismo monopolista. Aqui, um dos exemplos típicos é a expansão dos sistemas privados de seguros de saúde e previdência.

Mandel é contundente ao afirmar que a expansão dos serviços não se confunde com a emergência de uma nova forma de organização social da produção e do trabalho. Para o autor, a proeminência dos serviços está longe de representar uma "sociedade pós-industrial". De fato, ela representa um movimento de expansão e centralização do capital que penetra em todos os setores da vida social (Mandel, 1980: 271). É nessa perspectiva, que os serviços representam uma espécie de industrialização da esfera da reprodução.

Por isso mesmo, o tratamento genérico e homogêneo do crescimento das atividades do setor de serviços, conceituado por alguns como a materialização de uma nova e emergente "sociedade dos serviços", não permite apreender as particularidades de algumas destas atividades, especialmente aquelas voltadas para o atendimento das necessidades de reprodução da força de trabalho.

A rigor, a expansão dos serviços sociais voltados para o atendimento das necessidades de reprodução do trabalhador e da sua família — na atual fase de desenvolvimento do capitalismo — expressa a complexa e contraditória tensão entre a sua existência como um serviço que *tem um valor de uso social e coletivo* e a possibilidade de serem transformados em um serviço cuja utilidade social passa a depender da geração de lucros, isto é, da sua mercantilização. Ou seja: a inegável existência de serviços voltados para o atendimento de necessidades sociais expressa o poder que tiveram as lutas dos trabalhadores pelo seu reconhecimento; no entanto, tal reconhecimento não se dá independente das necessidades do próprio capital. Aliás, se assim não fosse, haveria possibilidade de atendimento das necessidades da população trabalhadora (educação, saúde, lazer etc.) sem que os serviços, voltados para o seu atendimento, se transformassem em objeto de consumo mercantil, vinculado à produtividade do trabalho e ao tempo de trabalho socialmente necessário.

Note-se que somente quando as necessidades de reprodução transitam do campo das necessidades individuais para o campo das necessidades coletivas é que surgem os chamados serviços de consumo coletivo, superando a esfera das práticas privadas. No capitalismo monopolista, tal processo de socialização constitui uma especial fusão entre o público e o privado, o que, segundo

Oliveira (1979: 161), explica, em parte, por que o crescimento das funções do Estado, no sentido político, e não no sentido administrativo territorial, também é uma das faces da "explosão do terciário".

Todavia, o que se vem assistindo recentemente é a incorporação crescente da lógica e da racionalidade da produção capitalista na prestação dos serviços. Este fato vem alterando substancialmente os padrões de incorporação da força de trabalho, bem como a organização e a natureza do trabalho. Estes passam a se expressar na crescente diversificação do uso da sua força de trabalho (...), na ampliação do leque das ocupações, nos critérios de aferição da produtividade e na especificação de novas tarefas e especialidades.

Aliás, para além de uma busca de eficiência e eficácia na prestação dos serviços sociais públicos, o que se constata — a exemplo da saúde, da educação e da previdência — é o fato de que o valor de uso social destes serviços, voltados para o atendimento das necessidades de reprodução da "própria vida", se realiza de modo a articular e/ou sustentar os interesses das indústrias (farmacêutica, de equipamentos, de produção da cesta básica), dos proprietários de grandes estabelecimentos como hospitais, creches e escolas, bem como do setor financeiro, voltado para os seguros de saúde e previdência.

Deste modo, o que está em questão são as novas formas de combinação entre produção e serviços e a migração da cultura do trabalho industrial para o setor de serviços. A notável sintonia com a lucratividade do capital indica o quanto esse campo de prestação de serviços "intervém de modo decisivo no crescimento e na produtividade global do trabalho" (Lojikine, 1995: 259).

No entanto, como conclui Nogueira (1994: 73), embora o setor serviços tenha experimentado transformações semelhantes às que historicamente ocorreram na produção de mercadorias, isto não significa a subsunção das suas singularidades aos parâmetros da produção de mercadorias, porque, como já afirmamos anteriormente, os serviços, diferentemente da produção de mercadorias, produzem valores de uso que, necessariamente, não se realizam através da troca, sobretudo considerando-se que a oferta de serviços coletivos não eliminam totalmente as formas domésticas e privadas de serviços não mercantis, que permanecem fora do circuito da acumulação.

Souza (1996: 36) chama a atenção para o fato de que, ao repercutir na estrutura produtiva e na configuração do mercado de trabalho, o setor serviços incorporou-se ao processo de acumulação capitalista com particularidades e especificidades no tocante à organização, ao processo de trabalho e às formas de regulamentação. Assim, também em relação ao processo de trabalho na esfera dos serviços, é necessário qualificar suas particularidades.

Ao estudar o tema, Nogueira (1990: 6) afirma que no processo de produção dos serviços de consumo coletivo, a força de trabalho é consumida e apropriada como valor de uso em função da sua utilidade particular, que é um valor "para uso". Sendo assim, difere radicalmente do processo de produção de mercadorias, no qual o trabalho é consumido com a finalidade de criar mais valor. Sobre esta afirmativa, entendo que além de um valor "para uso", pode-se identificar um conjunto de atividades intermediadoras do acesso e usufruto de um determinado bem.

Vale destacar, entretanto, que, diferentemente do processo de trabalho industrial, o processo de trabalho nos serviços (particularmente nos chamados serviços sociais) envolve tanto uma relação interpessoal intensa, constituindo-se em um processo de "intersecção partilhada", como a mudança/transformação de uma determinada "situação ou condição".

No caso dos serviços sociais, essa intersecção é do tipo compartilhada, porque o usuário não é apenas consumidor dos efeitos úteis do trabalho, mas sujeito ativo do processo de trabalho na medida em que dele dependem as informações e o conjunto das iniciativas que lhes permite enfrentar a situação e/ou condição para as quais o serviço se destina (Merhy, 1997: 132).

Nesse sentido, embora o processo de trabalho nos serviços sociais se materialize — de forma genérica — como expressão do processo de trabalho em geral, merece destaque o fato de que nesse tipo de atividade, o trabalhador dos serviços, em função da relação que estabelece com o usuário, pode imprimir uma direção ao seu trabalho, que requer uma relativa autonomia. (Merhy,1997:141).

Tais considerações já nos indicam que, para compreendermos o trabalho nos serviços, é necessário particularizar a natureza dos serviços (privados ou públicos), suas vinculações com a esfera da produção material, suas finalidades e o conjunto das mediações que conectam o trabalhador, o usuário e a instituição provedora destes.

Referências bibliográficas

ANTUNES, R. *Adeus ao trabalho: ensaio sobre as metamorfoses e a centralidade do mundo do trabalho.* São Paulo, Cortez, 1995.

BRAVERMAN, H. *Trabalho e capital monopolista. A degradação do trabalho no século XX.* Rio de Janeiro, Zahar Editores, 1987.

CARLEIAL, L. M. da F. Racionalidade e trabalho — uma crítica a André Gorz. *São Paulo em Perspectiva*, v. 8, n. 1, jan./mar. 1994.

KARSCH, U. *O Serviço Social na era dos serviços.* São Paulo, Cortez, 1989.

LAZARATTO, M. O ciclo da produção imaterial. *Futur Antérieur*, n. 16, 1993.

_____. Le concept de travail immatérielle: la grande entreprise. *Futur Antérieur*, n. 10, 1992/2.

LOJIKINE, J. *A revolução informacional.* São Paulo, Cortez, 1995.

MANDEL, E. *O capitalismo tardio.* São Paulo, Abril Cultural, 1980.

MARX, K. O processo de trabalho e o processo de produzir mais-valia. In: *O capital: crítica da economia política.* Trad. Reginaldo Sant'Ana. Rio de Janeiro, Civilização Brasileira (livros I e II), 1980.

_____. *O capital.* São Paulo, Livraria Editora Ciências Humanas Ltda., livro I, capítulo VI (inédito), 1978.

MERHY, E. E. "O SUS e um dos seus dilemas: mudar a gestão e a lógica do processo de trabalho em saúde". In: *Revista*

Saúde e Democracia: A Luta do CEBES (org.) Sonia Fleury. São Paulo, Lemos Editorial, 1997.

MOTA, Ana Elizabete F. da. *Cultura da crise e seguridade social: um estudo sobre as tendências e perspectivas da previdência e da assistência nos anos 80 e 90*. São Paulo, Cortez, 1995.

NETTO, J. P. *Capitalismo monopolista e Serviço Social*. São Paulo, Cortez, 1992.

NOGUEIRA, R. P. *O trabalho em serviços de saúde*. Adaptação do texto apresentado no seminário "O Choque Teórico", promovido pela Escola Politécnica Joaquim Venâncio, Rio de Janeiro, FIOCRUZ, 1991. Mimeografado.

_____. *Capital e trabalho nos serviços de saúde. Introdução e o conceito de serviços; determinação geral*. Rio de Janeiro, FIOCRUZ, 1989. Mimeografado.

_____. *O processo de produção dos serviços de saúde*. Rio de Janeiro, FIOCRUZ/ENSP, 1990.

_____. *Perspectivas da qualidade em saúde*. Rio de Janeiro, Qualitymark, 1994.

OLIVEIRA. F. O terciário e a divisão social do trabalho. *Novos Estudos CEBRAP*, n. 24, 1979.

PAGOTTO, M. A. *Mito e realidade na automação bancária*. Dissertação de mestrado. UNICAMP/IFCH, 1996.

SINGER, P. et. al. *Prevenir e curar: o controle social através dos serviços de saúde*. Rio de Janeiro, Forense Universitária, 1989.

SOUZA, M. A. S. L. de. *Condições de trabalho: fazer-se reivindicação trabalhista*. Dissertação de mestrado. UFPE, 1996.

VÁRIOS. *Cadernos ABESS* 7. São Paulo, Cortez, 1997.

PARTE II
O trabalho, a empresa e o Serviço Social nos anos 90

5

SERVIÇO SOCIAL E REESTRUTURAÇÃO INDUSTRIAL: requisições, competências e condições de trabalho profissional

*Mônica de Jesus Cesar**

As reflexões contidas neste texto são fruto da minha experiência profissional em empresas privadas e sintetizam as principais idéias trabalhadas na minha dissertação de mestrado[1], que trata dos impactos do processo de reestruturação produtiva nas políticas de recursos humanos e, particularmente, na experiência do Serviço Social nas empresas.

Parto da observação de que nas empresas há uma crescente preocupação em redefinir as políticas de recursos humanos, integradas ao conjunto das demais políticas e estratégias organizacionais. O principal eixo deste redirecionamento consiste na

---

* Mestra em Serviço Social pela UFRJ.
1. Dissertação intitulada *Reestruturação da Produção e Gestão da Força de Trabalho: novas exigências para o Serviço Social nas Empresas*. Rio de Janeiro, UFRJ/CFCH/ESS, 1998.

115

implementação de novas modalidades de gestão da força de trabalho, que permitam a formação de um novo comportamento produtivo do trabalhador, baseado na confiabilidade e no envolvimento do mesmo com os objetivos da empresa. As principais estratégias adotadas apontam para o desenvolvimento de programas participativos e para a ampliação do sistema de benefícios e incentivos à produtividade do trabalho.

No presente artigo pretendo avançar nesta discussão, destacando a experiência profissional do Serviço Social no conjunto das políticas de recursos humanos, a partir dos anos 90, com base em uma pesquisa realizada em duas grandes empresas industriais no Estado do Rio de Janeiro, que implementaram processos de reestruturação da produção. Meu objetivo é identificar as inflexões destas mudanças na experiência de trabalho dos assistentes sociais nas empresas estudadas.

Minha hipótese de trabalho é a de que, nos anos 90, as requisições feitas ao assistente social passaram a ser mediadas por novas formas de controle da força de trabalho, exigindo a formulação de estratégias de atuação que se definem, também, em função das condições de trabalho dos profissionais.

Para a realização da pesquisa, foram selecionadas duas empresas (Q e S), cujos processos de reestruturação apresentavam as seguintes características:

a) redefinição das operações no mercado centrada nas seguintes estratégias: ampliação das fatias no mercado doméstico; aumento da participação no mercado externo; focalização no negócio que acumula maiores vantagens competitivas; ampliação das atividades, através da aquisição de empresas concorrentes e fornecedoras de insumos básicos ou ligadas à logística do processo de produção; participação na política de privatização; terceirização de atividades secundárias, em relação ao produto final;

b) modernização tecnológica e racionalização técnica do processo de produção, tendo como prerrogativa a redução dos custos, pela introdução de tecnologias de base microeletrônica, flexibilização na organização da produção e horizontalização do processo de trabalho;

c) implantação do Programa de Qualidade Total, como estratégia central de viabilização das metas de produtividade, competitividade e de integração da força de trabalho;

d) adoção de modelos de gerenciamento de recursos humanos, pautados na conjugação do sistema de benefícios, incentivos à produtividade, capacitação e treinamento.

As duas empresas estudadas caracterizam-se como privadas e de capital aberto, sendo uma multinacional e outra predominantemente nacional; possuem uma inserção monopólica no mercado, atuam em setores considerados de ponta, respectivamente, o químico e o siderúrgico, possuem processos de produção contínuos[2], são representativas do desenvolvimento industrial brasileiro, localizam-se no Estado do Rio de Janeiro e mantêm profissionais de Serviço Social no quadro de seus empregados.

As mudanças implementadas nas duas empresas refletem uma tendência mais geral dos processos de reestruturação industrial no Brasil, marcados pelas fusões e incorporações, pela descentralização da produção dos grandes oligopólios, pela formação de uma rede de subfornecedores, pela abertura de capital, além da adoção de novas tecnologias e da redução no quadro de pessoal.

1. Particularidades do processo de reestruturação nas empresas

Ao considerar o processo de reestruturação produtiva como uma resposta à crise de acumulação capitalista, entendo que ele encerra uma estratégia de reorganização da produção e dos mercados. Como tal, interfere na organização da sociedade e no conjunto das relações que se estabelecem entre o capital, o trabalho e o Estado. Deste modo, as mudanças são mediadas pelas ações das classes e pelas transformações operadas neste último que, na atual conjuntura, encontra na ideologia neoliberal

---

2. A maioria dos setores que operam processos contínuos são setores modernos e passam por um processo de significativa expansão da capacidade. São setores que criaram uma capacitação tecnológica considerável e, por participarem do mercado externo, as exigências quanto à produtividade e qualidade tornam a atualização tecnológica imperativa.

um amparo teórico e político para enaltecer o papel do mercado em detrimento da sua ação pública.

No Brasil, a reestruturação produtiva, longe de substituir as tradicionais e conservadoras relações de trabalho, vem reforçando-as com a introdução de novos e modernos padrões de produção. Seus resultados têm sido os elevados índices de desemprego e a precarização das condições de trabalho. Este processo, ao contribuir para a fragilização da organização sindical, afeta as conquistas históricas dos trabalhadores, deixando patente o perfil conservador das práticas do capital.

Neste contexto, a "flexibilização" do trabalho se dá com base na racionalização da produção e na intensificação do ritmo de trabalho que, na ótica das políticas de gestão, convertem-se em objeto das estratégias empresariais para enfrentar o desafio da competitividade no mercado globalizado. Assim, emergem novas formas de consumo da força de trabalho, mediadas pelo uso de novas tecnologias e pela disseminação de um outro *éthos* do trabalho.

O uso das novas tecnologias na melhoria da qualidade dos produtos e na redução dos custos de produção, para tornar-se efetivo, exige a constituição de uma nova cultura do trabalho. Por isso mesmo, a modernização das práticas industriais, longe de "descartar" o trabalho em função das novas tecnologias, requer a integração orgânica do trabalhador, através da mobilização da sua subjetividade e cooperação.

Inegavelmente, para materializar o aumento da produtividade há redução do trabalho vivo, que se expressa na diminuição dos postos de trabalho, na precarização das condições de trabalho e na intensificação do ritmo na execução das tarefas; mas, o verdadeiro cenário político da reestruturação produtiva no Brasil é a construção de um consentimento passivo dos trabalhadores.

Como afirma Ruy Braga, a reestruturação capitalista contemporânea encarna um importante instrumento, através do qual as classes dominantes objetivam recompor a subalternidade política das classes trabalhadoras. Segundo o argumento do autor, "se a hegemonia neoliberal corresponde à estratégia de "passivização" ao nível do Estado, a atual reestruturação produtiva materializa a ofensiva "passivizadora" do capital no âmbito das forças produtivas" [1997: 227].

Do ponto de vista objetivo, a flexibilização do processo produtivo imprime novas exigências ao trabalhador, que incidem sobre as qualificações profissionais, as condições de inserção no mercado de trabalho e os mecanismos de proteção social. Merece destaque a demanda por trabalhadores qualificados e "passivizados" e a redução de postos para aqueles sem qualificação, que se transformam em trabalhadores excluídos e desorganizados.

Por isso mesmo, o discurso empresarial que enfatiza a qualificação, as múltiplas competências, a adaptabilidade, a participação e o envolvimento, é também o mesmo que justifica a redução de postos de trabalho, a empregabilidade[3] e a adoção de padrões mais rígidos de controle do desempenho do trabalhador. Na confluência destas práticas criam-se as condições necessárias para persuadir o trabalhador a dar o máximo de sua capacidade psicofísica. Razão maior de conviverem velhas e novas formas de utilização da força de trabalho, que conservam e reatualizam as exigências para potencializar a produtividade e, conseqüentemente, os lucros.

É neste ambiente que as empresas vêm desenvolvendo um conjunto de iniciativas que apontam para novas modalidades:

a) *de consumo da força de trabalho* relacionadas à introdução da polivalência e da multifuncionalidade, possibilitadas pela substituição da eletromecânica pela microeletrônica, pela crescente informatização no processo de produção e pela institucionalização de mudanças na divisão sociotécnica do trabalho, que têm resultado no desenvolvimento acelerado do processamento de dados e informações, tornando-o um elemento constitutivo do processo de trabalho;

b) *de controle da força de trabalho*, onde se inscrevem os incentivos à produtividade, bem como os programas participativos,

---

3. Segundo Teixeira (1996), o movimento de autonomização e de individualização das relações de trabalho traz em seu bojo a substituição do conceito de emprego por empregabilidade, ou seja, concebendo-se o trabalhador como um profissional disponível, sempre pronto a mudar de trabalho e de ocupação. Isto significa que as mudanças se ampliam para as formas como é interpretado e visto o emprego na sociedade.

que buscam o envolvimento do trabalhador com os objetivos da empresa, em relação às metas estabelecidas para a produção;

c) *de reprodução material da força de trabalho*, onde estão inscritas as políticas de benefícios oferecidos pela empresa ou reguladas pelo Estado, que passam a vincular-se estreitamente com a natureza do contrato de trabalho e com o desempenho individual/grupal dos trabalhadores, atingindo a esfera dos direitos sociais.

Ao analisarmos algumas das medidas implementadas nas empresas Q e S, podemos afirmar que o processo de reestruturação implicou mudanças significativas no gerenciamento da força de trabalho, determinando também novos perfis para as políticas de recursos humanos. Dentre as mudanças, destacam-se:

a) modificação nos critérios de contratação de novos empregados, cuja exigência principal passou a ser o nível de escolaridade e qualificação profissional;

b) implementação de sistemas de avaliação de desempenho, individual e/ou grupal, cujos indicadores são as metas de qualidade e produtividade;

c) criação de programas de treinamento voltados para a requalificação do trabalhador, cujos conteúdos enfocam aspectos técnicos e comportamentais, capazes de conformar um novo perfil da força de trabalho;

d) implantação de nova política salarial, fundamentada no princípio da "remuneração variável". Nesta política, o salário do trabalhador depende da sua avaliação de desempenho;

e) ampliação dos benefícios e serviços sociais oferecidos pelas empresas para os chamados trabalhadores estáveis;

f) introdução de sistemas de premiação e incentivo à participação.

Este rol de iniciativas deixa evidente que as políticas adotadas vinculam-se à incorporação de novos conhecimentos e habilidades do trabalhador e à criação de sistemas materiais e simbólicos de recompensas, com o objetivo de aumentar o envolvimento dos empregados com as metas de produção. Subjacente a este segundo aspecto está a criação de condições para o estabelecimento de parcerias em que saem supostamente ganhando, empresa e trabalhadores.

De fato, é possível assinalar que alguns grupos de trabalhadores, em função da atividade que exercem, podem até obter ganhos salariais. Todavia, esta estratégia de segmentação do coletivo operário está amparada em um maior controle sobre o desempenho e na redução de postos de trabalho.

De igual forma, contribui para esta divisão entre "trabalhadores estáveis e trabalhadores precários", o sistema de benefícios e incentivos. Cabe destacar que a concessão dos benefícios está diretamente vinculada não só ao exercício de uma atividade específica, mas à qualidade da inserção do trabalhador nos setores estratégicos de produção. Para os trabalhadores "contratados temporariamente" ou "subcontratados", além dos salários serem mais baixos, o acesso aos benefícios também é mais restrito.

Mesmo para os "trabalhadores privilegiados", o acesso aos serviços e benefícios oferecidos pelas empresas não constitui direitos contratuais, ao contrário, sua existência depende do aumento da produtividade. Diferentemente do que ocorreu nos anos 80 — a inclusão de benefícios nas pautas de negociação coletiva — o que hoje se observa é uma maior desvalorização da força de trabalho, na medida em que a reprodução material do trabalhador passa a depender, eminentemente, da via salarial, ou seja, do vínculo com o emprego. Este quadro, ao lado da fragilidade das políticas públicas de consumo coletivo, aumenta a dependência do trabalhador da empresa e, conseqüentemente, potencializa a sua subordinação, cada vez maior, às normas de produção.

Do mesmo modo que os benefícios extra-salariais, os incentivos também se apresentam como instrumentos capazes de "prender" o trabalhador à empresa, possibilitando aumento da produtividade, melhoria do desempenho e maior satisfação no trabalho. As formas de remuneração variável visam a estimular o operário a "trabalhar com qualidade" e a empenhar-se para a geração dos resultados almejados. Com o rebaixamento do salário, ele passa a depender dos incentivos e prêmios para poder incrementar um pouco mais sua remuneração.

No contexto da reestruturação industrial, portanto, há uma vinculação entre os mecanismos de reprodução material da força de trabalho e as exigências postas pelas novas formas de organização do processo industrial. Refiro-me à obtenção da confiabilidade dos trabalhadores e à sua participação na implementação dos objetivos da organização.

O discurso gerencial, entretanto, é o de que os trabalhadores tomam parte das decisões sobre os rumos da empresa, através dos programas participati·os e de sugestões. De fato, as gerências vêm investindo na possibilidade de um consentimento passivo do trabalhador, em relação às necessidades da empresa. Consentimento esse que se expressa na inexistência de conflitos e no uso que a empresa faz das experiências e do conhecimento dos trabalhadores sobre o processo de trabalho.

Para tanto, os trabalhadores, dependendo da função que exercem, passam a ter diferentes níveis de poder para tomar iniciativas, planejar e executar o próprio trabalho. De outra forma, fica evidente que as estratégias participativas não rompem com a concepção taylorista da gerência, nem com a divisão entre concepção e execução no processo de trabalho[4].

A participação dos trabalhadores fica restrita à esfera da produção, ou seja, relaciona-se à sua intervenção para otimizar o tempo e buscar eficiência na execução de suas tarefas. A horizontalização das relações significa que os trabalhadores assumem a administração cotidiana de seu processo de trabalho, exercendo o autocontrole no ato de produção. As decisões políticas da empresa, referentes aos interesses da corporação no plano macroestrutural, continuam sendo definidas pela alta administração, sem a participação efetiva dos trabalhadores, salvo quando há interpelação sindical. A autonomia, a iniciativa para agir e a criatividade continuam subordinadas à hierarquia e ao tradicional sistema de poder.

---

4. Segundo Lazzarato (1992), a normatividade taylorista — em que a atividade simbólica e subjetiva é reduzida à compreensão e à execução dos comandos — é redefinida por meio de uma normatividade comunicacional, em que é requisitado ao trabalhador a capacidade de cooperar e participar. Para o autor, este novo comando não elimina o antagonismo entre hierarquia/subordinação e cooperação/autonomia, mas o recoloca em um nível mais elevado.

O processo de mudanças identificado nas duas empresas pesquisadas encerra novas determinações na organização e dinâmica do trabalho, imprimindo, conseqüentemente, redefinições na ação dos chamados trabalhadores da área de recursos humanos, onde se incluem os profissionais de Serviço Social. Tais profissionais, doravante, devem ser agentes da integração e do comprometimento dos trabalhadores com os objetivos organizacionais.

As empresas buscam criar condições de valorização de seus "colaboradores", qualificando e investindo no seu potencial, remunerando de forma atraente, premiando o desempenho, criando um clima participativo com canais de comunicação entre os vários níveis hierárquicos e desenvolvendo programas motivacionais, tendo em vista que um dos pontos de sustentação da competitividade é a qualidade dos produtos e um dos fatores para sua obtenção consiste precisamente na confiabilidade e cooperação do trabalhador.

A necessidade do envolvimento dos trabalhadores com as metas de qualidade e produtividade, reforça a necessidade de adoção de modelos de gestão que supõem mecanismos de aprendizagem, de controle e de socialização da cultura do trabalho de cada empresa. Esta socialização ocorre a partir de um acordo negociado em que os trabalhadores trocam, *a priori*, emprego, estabilidade e benefícios diferenciados pelo seu compromisso com os resultados esperados na produção.

O modelo de gestão de recursos humanos apregoa a iniciativa individual e a motivação para empreender ações requeridas pela empresa. Entretanto, a responsabilidade em colocar a sua capacidade a serviço dos objetivos empresariais é delegada a cada trabalhador individualmente. Ao remeter essa responsabilidade ao trabalhador, torna-o co-responsável e partícipe do processo de inovação e de melhoria da produtividade.

A partir desse pressuposto, os trabalhadores são estimulados a tomar decisões no ato de produção. O discurso gerencial postula a necessidade de o empregado ter autonomia e iniciativa para reduzir as imprevisibilidades e incertezas no processo de trabalho. Esta necessidade "técnica" das empresas, entretanto, adquire peso político posto que passa a ser conceituada como uma "prática de democratização" das relações que se estabelecem no ambiente de trabalho. Por isso mesmo, as normas, as rotinas e as regras estabelecidas, são consideradas como meios viabilizadores de um novo comportamento do trabalhador.

Entendo, desta forma, que as mudanças nas práticas de organização do trabalho e nos sistemas de gerenciamento da força de trabalho — a despeito do discurso empresarial sobre a técnica — na realidade, estão mobilizando uma ação eminentemente política, que tem na subordinação "consentida" dos trabalhadores a expressão máxima da subsunção do trabalho ao capital.

Podemos concluir que o processo de reestruturação aponta para a intensificação do controle sobre a força de trabalho, em função das novas estratégias de gestão utilizadas, seja pela propagação da participação e da parceria como formas de conjugar interesses e atenuar conflitos, seja pela crescente intervenção empresarial no âmbito da qualificação e na esfera da reprodução material da força de trabalho. São exatamente estes os aspectos centrais das políticas de recursos humanos, que passam a ser formadores da cultura de integração do trabalhador à empresa, sob os preceitos de uma outra política de produção.

Como afirma Burawoy,

> onde o trabalho costumava receber concessões com base na expansão dos lucros, ele, agora, faz concessões com base na lucratividade relativa dos capitalistas entre si — isto é, dos custos de oportunidade do capital (...) o novo despotismo é a tirania "racional" da mobilidade do capital sobre o trabalhador coletivo. A reprodução da força de trabalho é novamente vinculada ao processo de produção [1990: 48].

Na realidade, pelo que pude observar na pesquisa realizada, os modos de controle, ao serem menos coercitivos e mais consensuais, imprimem também novos elementos à experiência do Serviço Social nas empresas. Mais do que humanizar a produção, ou ajudar o trabalhador a enfrentar o "despotismo" da fábrica, cabe ao Serviço Social colaborar pedagogicamente na socialização de valores e comportamentos, que deságüem na integração dos trabalhadores às novas exigências da produtividade.

2. As inflexões no Serviço Social

Como exposto, no bojo do processo de reestruturação industrial, identifico uma série de modificações nas estratégias de gestão da força de trabalho que têm, por suposto, a formação de um novo comportamento produtivo do empregado, dando origem ao que denomino de campo da "negociação cooperativa". Dentre as estratégias utilizadas para implementar esta "cooperação", destaco os programas participativos dos quais derivam alguns princípios que passam a reger a filosofia de recursos humanos das empresas. Estes princípios tornam-se o fundamento das práticas implementadas, cujo objetivo maior é a formação de metas e propósitos que expressem consenso entre empregados e empregadores, garantindo uma relativa coesão no processo de produção.

É neste contexto que as empresas, ao instituírem uma série de incentivos materiais e simbólicos, que visam integrar os trabalhadores aos novos requisitos da qualidade e produtividade, também passam a fazer novas exigências ao profissional do Serviço Social, todas elas articuladas às políticas de recursos humanos.

Tais exigências, ao tempo em que reeditam demandas históricas ao Serviço Social nas empresas, também determinam novos conteúdos para a prática e modificam substantivamente as condições de trabalho do profissional. De modo geral, o quadro de intensificação e precarização do trabalho, que afeta o conjunto dos trabalhadores das empresas, também atinge o assistente social e, no caso das empresas pesquisadas, torna-se uma das variáveis que determina a redefinição de algumas das práticas dos profissionais. Neste sentido, os profissionais de Serviço Social, ao redefinirem algumas de suas ações, sofrem injunções não apenas dos novos princípios e necessidades que regem as políticas de recursos humanos, mas das suas próprias condições de trabalho.

Minha hipótese geral é a de que o conjunto das novas exigências, para a prática profissional nas empresas, relaciona-se com as alterações nas modalidades de consumo da força de trabalho, com as novas estratégias de controle persuasivo e com as políticas de benefícios e incentivos.

125

Estas mudanças, por sua vez, impactam na prática profissional, através de dois vetores: a) *o da atualização das demandas profissionais*; b) *o das condições de trabalho do próprio profissional.*

O assistente social, pelo reconhecimento de seu trabalho integrativo, é requisitado a atuar na área de RH para satisfazer "necessidades humanas", contribuindo para a formação da sociabilidade do trabalhador de modo a colaborar na formação de um comportamento produtivo compatível com as atuais exigências das empresas. Essas exigências sugerem que o Serviço Social é considerado, pelas empresas, como um instrumento promotor da adesão do trabalhador às novas necessidades destas. Para tanto, refuncionalizam suas demandas tradicionais sob o "manto" da inovação e da modernidade.

Ao analisarmos o discurso gerencial, nas duas empresas pesquisadas, identificamos que a função do Serviço Social continua vinculada às relações de trabalho, sendo requisitado para intervir nos problemas que interferem na produtividade. Esta função do Serviço Social permanece associada ao tratamento de questões de natureza psicossocial, que não se relacionam diretamente com o processo de trabalho, reiterando a representação histórica do caráter humanitário da profissão.

Ao lado desta função tradicional, é possível perceber a singularidade dos novos papéis que o Serviço Social exerce, como é o caso do assessoramento às chefias no trato de questões que extrapolam o âmbito fabril. Este fato, salvo melhor análise, deixa patente que as inovações no processo de trabalho não conseguiram superar as contradições vivenciadas pelos trabalhadores. Por mais horizontalizado que esteja o trabalho e por mais "reestruturadas" que tenham sido as ações dos gerentes, há uma demanda explícita para o Serviço Social na empresa dos finais dos anos 90: a vida privada do trabalhador. Assim, o profissional continua a ser requisitado para intervir nas questões relacionadas à vida particular do empregado e que interferem no seu desempenho produtivo. Por isso, constantemente, os dirigentes fazem referência ao caráter educativo e orientador do Serviço Social.

Nos depoimentos colhidos, o papel do Serviço Social continua sendo definido como intermediador das relações entre chefia e subordinado. Seu papel é concebido como interlocutor da ação social da empresa ou do discurso gerencial, atenuando fontes de conflitos/tensões e suas atribuições são, freqüentemente, associadas ao clima organizacional e ao repasse de informações para a gerência, colocando à disposição informações que respondam aos novos parâmetros de administração, adotados pela empresa.

Também podemos observar que a ação do assistente social permanece atrelada à prestação de serviços sociais. Neste caso, é evidente a permanência de uma demanda tradicional, como a concessão de benefícios, o estabelecimento de critérios de elegibilidade e a triagem socioeconômica. Entretanto, novas exigências passam a interferir no conteúdo dessas atividades, tais como a disponibilidade da empresa, a otimização e racionalização dos recursos e a inclusão das avaliações de desempenho como critério de consumo dos serviços.

Verificamos que as empresas continuam a contratar o assistente social para desenvolver um trabalho de cunho assistencial e educativo junto ao empregado e sua família. Busca-se, através desse trabalho, responder aos problemas sociais dos trabalhadores, que afetam a produtividade no trabalho, associados ora às carências materiais que enfrentam, ora aos comportamentos inadequados ao processo de produção, ou seja, problemas relacionados às condições de vida, ao relacionamento familiar, à disciplina fabril e à inadaptação ao trabalho.

Contudo, observa-se que, se anteriormente tais questões estavam vinculadas ao discurso humanitário da empresa, hoje encontram-se assentadas no moral de envolvimento e no equilíbrio de vantagens, quando essa relação é considerada como justa e vantajosa para ambas as partes. Assim, os problemas dos trabalhadores passaram a ser objeto de consideração nas avaliações de desempenho, fato que demonstra uma outra forma de utilização do trabalho do Serviço Social. Se, de um lado, a atividade profissional mantém o traço tradicional da prática, marcado pela natureza pedagógica da sua abordagem junto aos trabalhadores, o modo de socializar e utilizar as informações do Serviço Social se altera significativamente.

Este é um traço fundamental que, no contexto da reestruturação industrial, delineia os contornos de uma nova racionalidade técnica e ideopolítica, que perpassa as políticas de administração de recursos humanos e atravessa o exercício profissional do Serviço Social.

Como já dito anteriormente, no momento atual, marcado pela multifuncionalidade e horizontalização, as atividades do Serviço Social aproximam-se, cada vez mais, da função gerencial. Por isso mesmo, o Serviço Social, como os demais segmentos da área de recursos humanos, vêm assumindo o papel de assessoramento dos gerentes, para que estes possam melhor "administrar pessoas", propiciando confiabilidade, amizade, aprendizado, crescimento e satisfação de seus "colaboradores", que são requisitos da gerência, nas empresas estudadas.

Esta função de assessoria, assumida pela área de RH, passa a ter como "clientes internos" não só o trabalhador, mas os próprios gerentes. A eles, são oferecidos recursos técnicos específicos para que possam suprir necessidades, resolver problemas e "anomalias pessoais". Criam-se e introduzem-se instrumentos para auxiliar as chefias no alcance de suas metas, estabelecendo modos de controle, que tendem a ser menos coercitivos e mais simbólicos.

Em função desta redivisão social e técnica do trabalho nas empresas há uma valorização dos setores que administram e maximizam a comunicação interna, a motivação no trabalho e a negociação dos conflitos, enquanto segmentos subsidiários à função gerencial[5]. Neste caso, o papel disseminador de cultura possibilita ao assistente social colaborar com as gerências no processo de

---

5. De acordo com Lazzarato (1995), a produção da subjetividade e da comunicação social, enquanto um dos elementos essenciais para a criação, transmissão e cristalização do universo simbólico, mais que um instrumento de controle social para a reprodução das relações mercantis, tornou-se um insumo à produção e, deste modo, diretamente produtiva. Com base nas suas formulações, é possível inferir que, inserido no processo de produção imaterial — base das atividades organizacionais, comunicacionais e integrativas — o assistente social aplica conceitos a uma diversidade de situações, transmitindo valores e mobilizando estímulos, enquanto sujeito da comunicação. Na relação de comunicação, que progressivamente adquire primazia na prática profissional, o assistente social assume o papel de codificar e transmitir mensagens, subordinando sua ação ao repasse e à circulação de informações, dentro de um contexto de comunicação normalizada pelas empresas, em que se busca reforçar ou modificar determinados padrões culturais e de comportamento.

integração dos trabalhadores aos novos requisitos da produção e na "modernização das relações de trabalho", em que os gerentes de linha passam a ser também responsáveis pelos problemas da área de recursos humanos, ou melhor, pelo gerenciamento de "pessoas e problemas".

Esse "assessoramento", em geral voltado para o tratamento das questões sociais ou interpessoais que afetam o cotidiano do trabalhador, é o que, efetivamente, as gerências requisitam do profissional. Este dado aponta para uma significativa mudança na prática do Serviço Social nas empresas. Em primeiro lugar, porque o profissional afasta-se de um contato mais direto com o trabalhador; em segundo lugar, porque também o seu saber passa a ser apropriado e manipulado pelas gerências. As novas formas de gerenciamento, neste sentido, inflexionam não apenas o conteúdo, mas o papel que o Serviço Social historicamente desempenhou, no interior das empresas.

Pelo exposto, o conjunto das mudanças que a reestruturação dos processos de trabalho engendra e que inflexionam as requisições e conteúdo do trabalho do assistente social, nas empresas pesquisadas, pode ser sumariado como se segue:

a) *Redimensionamento do uso da informação*: o conjunto de informações acumuladas pelo Serviço Social passa a ser utilizado pelas gerências para definição de itens de controle e verificação no gerenciamento do trabalho, integrados ao planejamento global da empresa. Este novo uso das informações impõe a necessidade de uma reorganização e racionalização dos serviços internos, alterando substancialmente o processo de trabalho do próprio assistente social. É exigido que o profissional desenvolva a capacidade de compreender, implementar e administrar novos padrões de organização no seu trabalho cotidiano, incorporando, inclusive, as inovações tecnológicas. Há, a partir desse redimensionamento, a exigência de uma maior capacitação técnica para manipular informações, através dos recursos da microinformática ao tempo em que há um maior acesso e disseminação das informações, inclusive daquelas que, antes, ficavam sob a órbita do Serviço Social. Assim, o profissional tem que desenvolver sua capacidade lógico-abstrata, para decodificar, programar e gerenciar seu trabalho. Deste modo, será capaz de assimilar rapidamente as contínuas e rápidas inovações a que está sujeito e contribuir para o processo de "melhoria contínua", racionalizando seu próprio trabalho.

b) *Introdução de uma outra racionalidade técnica, subordinada aos princípios da eficácia/eficiência*: as exigências de maior eficiência e eficácia levam a uma racionalização do trabalho desenvolvido pelo Serviço Social e prescrevem uma redefinição dos objetivos deste, a partir do foco no cliente, de modo a definir claramente sua contribuição para a "missão da organização". As atividades profissionais são descritas e padronizadas, as ações prioritárias são identificadas e especificadas, e itens de controle e metas de melhoria para cada ação são estabelecidos, em conformidade com as necessidades dos clientes (internos) e da empresa. Nesta dinâmica racionalizadora, busca-se eliminar desperdício, inconsistência e insuficiência[6], reduzir tempos subutilizados no trabalho e introduzir esquemas de controle e aferição do desempenho do assistente social, que também se vê premido a apresentar o resultado prático-operativo do seu trabalho. A partir da incorporação da "nova visão sistêmica" é possível avaliar seus resultados em termos de eficiência, eficácia e adaptabilidade[7].

c) *O desenvolvimento de programas participativos*: com a incorporação da filosofia da qualidade total, o trabalho do assistente social é redimensionado, assumindo as prerrogativas desta quanto à necessidade de inovação e de mudanças, principalmente no que toca à "democratização" das relações de trabalho, enquanto um processo que beneficia tanto a empresa quanto os trabalhadores. Estes últimos se beneficiariam pelo crescimento profissional que

---

6. Segundo Campos (1994), é considerado desperdício qualquer coisa que não ajuda a atingir um objetivo, por exemplo, fazer um relatório que ninguém lê ou um tipo de trabalho ou movimento que não agrega valor. Insuficiência significa procurar atingir uma meta com recursos inadequados e inconsistência significa falta de uniformidade ou representa uma situação que encobre o desperdício e a insuficiência.

7. A eficiência é medida levando-se em conta a melhor utilização dos recursos, a produtividade, a qualidade (fazer certo da primeira vez) e o tempo dispensado, tomando-se por base a quantidade de erros, repetições e retrabalho. A eficácia é avaliada considerando o grau com que o serviço atende às necessidades e expectativas do cliente, ou seja, o nível de satisfação. A adaptabilidade representa a flexibilidade do prestador do serviço em lidar com mudanças nas expectativas dos clientes, bem como a velocidade com que é dada resposta ou apresentada proposta de solução do problema apresentado pelos mesmos.

o programa de qualidade propicia, e pela possibilidade de transcender seu papel de agente meramente executor para ser um agente ativo no processo de produção. De modo geral, nas duas empresas estudadas, o assistente social vem sendo requisitado para participar, colaborar e assessorar os Círculos de Qualidade, dando suporte nas reuniões e atuando como membro de uma determinada equipe, que é formada para desenvolver trabalhos específicos, disponibilizando seu conhecimento e saber para a consecução dos objetivos estabelecidos para os grupos.

d) *Ampliação do sistema de benefícios e incentivos*: no contexto em que a empresa realinha o sistema de benefícios revendo a compatibilidade entre o desempenho na função e sua remuneração indireta, alinhando-se às práticas de mercado, o Serviço Social atua com demandas relacionadas aos benefícios, que não estão necessariamente no contrato coletivo, mas que a empresa concede, como uma contrapartida oferecida ao trabalhador. Assim, sua atuação é dirigida para a racionalização dos benefícios, para o trato das "exceções" e para a concessão destes de acordo com critérios meritocráticos. O estudo social, sob este prisma, é apontado como um instrumento institucionalizador e legitimador da prática profissional nas empresas, na medida em que materializa, no âmbito da administração de benefícios, o trabalho do assistente social. Este instrumento de trabalho comporta critérios de julgamento que definem se o trabalhador merece ou não a concessão de benefícios.

e) *Assessoria às gerências*: as requisições feitas ao profissional concentram-se nas chamadas "necessidades humanas", em especial no que tange às questões relacionadas ao comportamento e à vida privada do trabalhador que interferem no trabalho. Isso traduz que a função social do Serviço Social continua vinculada à mediação das relações de trabalho e ao aumento da produtividade. Há, porém, uma maior requisição do profissional por parte das gerências e chefias intermediárias, na medida em que estas necessitam de uma intervenção técnica que os auxilie a gerenciar conflitos. Se, por um lado, a gerência, ao assumir o papel de resolver os problemas de seus subordinados, impede que o assistente social materialize na ação direta o seu saber específico, por outro, utiliza este saber que lhe é repassado, para legitimar o seu próprio papel. Assim, a interferência do assistente social junto às gerências evidencia que a multifuncionalidade dos gerentes não é suficiente para atender à ampla variedade de problemas que eles precisam responder. Isso pode levar o assistente social a recapturar espaços, reafirmando a utilidade de sua ação direta junto aos trabalhadores.

Além destas, novas frentes de trabalho tendem a surgir oriundas dos projetos desenvolvidos por iniciativa da empresa, para atender aos requisitos da qualidade ou, ainda, em virtude das problemáticas decorrentes das mudanças efetuadas na produção, fruto da intensificação do trabalho no espaço fabril e que também repercutem no espaço extrafabril. Nas empresas pesquisadas, o processo interventivo do Serviço Social vem sendo marcado pela crescente demanda de problemáticas decorrentes das mudanças efetuadas na produção, como o *stress*, em geral associado à instabilidade no emprego. Com isso, há uma reatualização da intervenção do assistente social na área de segurança do trabalho, ligada à prevenção dos acidentes, e também uma revalorização das atividades relacionadas ao lazer. As solicitações para que os profissionais desenvolvam programas comunitários e relacionados à questão da dependência química e do relacionamento familiar, devido ao crescimento de problemas dessa natureza, também são apontados pelos profissionais como conseqüências do processo de reestruturação, seja pela intensificação do trabalho, seja pelos seus impactos na comunidade de modo geral.

Destacamos, a seguir, aspectos que mediam às requisições feitas à prática profissional e o tipo de capacitação exigida para respondê-las, refletindo as iniciativas do capital em mobilizar novas formas de consumo e controle da força de trabalho do assistente social, que conferem uma outra dimensão à qualificação profissional e exigem um novo comportamento produtivo adequado às metas de qualidade e produtividade.

As necessidades de ampliação do conhecimento são supridas, através dos programas de treinamento e desenvolvimento estruturados pela própria empresa, objetivando requalificar o profissional, dentro dos parâmetros das teorias sistêmicas e organizacionais. Tal vertente busca, através de um aparato técnico-instrumental, conferir maior eficiência e dinamismo ao profissional na elaboração de respostas para uma ampla variedade de problemas.

Além disto, o treinamento *on the job* propicia o domínio das tarefas executadas por todos os membros da equipe de trabalho tendo como prerrogativa a polivalência das funções desempenhadas.

Dada sua ênfase na melhoria contínua, o programa de Qualidade Total exige treinamento contínuo e sistemático de modo a oferecer, para os empregados, em todos os níveis da organização, oportunidades de desenvolver novas competências. Tanto o treinamento, com o objetivo de adquirir ou aperfeiçoar as competências exigidas pela função ou pelo uso de uma nova tecnologia, como um elevado nível de treinamento em habilidades e técnicas necessárias às práticas de qualidade, são essenciais.

O treinamento no dia-a-dia é concebido como a melhor forma de conferir uma visão generalista ao profissional, demandando-lhe a capacidade de co-gerir o processo, o tempo e as relações estabelecidas com outros profissionais. Neste caso, o treinamento é orientado para o desenvolvimento de um perfil polivalente, multifuncional e adequado ao trabalho em equipes. Os assistentes sociais participam dos treinamentos gerais que a empresa organiza e há uma prática sistemática de rodízio de funções.

As ações de treinamento externas são direcionadas para demandas específicas do trabalho, ou seja, são priorizados os treinamentos que fornecem novos conhecimentos para uma aplicabilidade direta no posto de trabalho. Em geral, há uma maior valorização por parte da empresa e uma preferência dos profissionais pelos cursos de curta duração que tenham um aproveitamento prático imediato.

Além destes, a empresa vem desenvolvendo outras ações vinculadas à avaliação da *performance* individual, no sentido de formar um novo perfil do profissional de Serviço Social. O discurso gerencial revela que há maiores requisições quanto à qualificação técnica e uma valorização dos atributos comportamentais. Ao definir tais atributos, as gerências demonstram que estão preocupadas em delimitar como o profissional deve agir e quais as habilidades que deve possuir para gerar um desempenho no trabalho que corresponda às expectativas em termos de produtividade e qualidade. No cotidiano, exigem algumas qualificações que não são, necessariamente, teóricas, mas que estão no plano do comportamento. Podemos resumir o perfil comportamental exigido ao assistente social em cinco requisitos básicos:

a) Conhecimento: o profissional tem que estar apto a responder a perguntas, tirar dúvidas e resolver problemas. Para isso, é preciso conhecer bem as rotinas de seu trabalho e de todos os setores afins e as políticas da empresa.

b) Competência: significa que o profissional deve ter agilidade, organização e exatidão na execução de suas atividades, procurando fazer sempre o melhor possível.

c) Atmosfera positiva: o profissional deve manter um ambiente agradável, receptivo, organizado, limpo e confortável para que o cliente se sinta tranquilo e acolhido. A aparência deve refletir a imagem que o profissional deseja passar ao cliente. É preciso comunicar-se com fluência e expressar-se com clareza.

d) Cooperação: a postura de colaborador exige que o profissional contribua para o êxito de sua equipe de trabalho, assumindo a responsabilidade em relação às metas e resultados e tomando a iniciativa de melhorar a produtividade e a qualidade.

e) Esforço extra: significa que é preciso sair da rotina e fazer algo mais, colocando a satisfação do cliente acima de tudo. Para isso, é necessário ser flexível e usar o "bom senso", fornecendo alternativas e soluções adequadas para satisfazer suas necessidades e também demonstrar que se interessa sinceramente por ele, para que possa envolvê-lo e surpreendê-lo. Por isso, não basta apenas satisfazer suas necessidades, é preciso "encantar" o cliente.

Essas características revelam que a requalificação promovida pelas empresas busca a formação de um tipo particular de força de trabalho, não só capacitada a compreender, implementar e administrar novos padrões de organização no processo de produção e dominar inovações tecnológicas, mas também apta a assumir um comportamento produtivo que gere um desempenho "ótimo", estável e previsível. Assim, as principais habilidades exigidas aos profissionais localizam-se na flexibilidade — no desenvolvimento da tarefa e nas relações de trabalho — e no dinamismo — abertura para inovações e capacidade de comunicação.

Este conjunto de inovações, no contexto da reestruturação, ao tempo em que produz inflexões nas requisições, competências e perfil profissional dos assistentes sociais nas empresas, também modifica substantivamente as suas atuais condições de trabalho. Isto é, afetam a forma de "ser e de viver do trabalho" do assistente social.

No campo das condições de trabalho, podemos identificar um conjunto de questões que evidenciam o novo paradigma das condições do trabalho profissional:

a) *a intensificação do trabalho* se expressa, sobretudo, no aumento do número de atendimentos feitos e na amplitude e variedade das situações para as quais é requisitada a intervenção do assistente social. A intensificação do trabalho é sentida pelos profissionais, seja através do ritmo de trabalho, seja através da extensão de sua jornada de trabalho. Com a reestruturação, os profissionais passaram a trabalhar além do horário, pois há excesso de trabalho e uma cobrança mais intensiva das gerências. Mesmo assim, procuram adequar-se a estas condições, reconhecendo que há vínculos empregatícios mais aviltantes e também uma maior pressão dos profissionais desempregados que procuram uma colocação no mercado de trabalho;

b) *a racionalização do trabalho* se dá pela priorização das tarefas, mantendo-se as atividades-chave e eliminando tudo o que não pode ser mensurado ou considerado atividade essencial. Em função desta racionalização, são definidas as metas e o período para a consecução das mesmas, assim como os padrões de eficiência e qualidade no atendimento aos clientes. O Serviço Social procura colocar-se o mais próximo possível do piso de fábrica, para sentir quais são os problemas que existem, buscando providenciar adequações no trabalho que contemplem as necessidades identificadas e as expectativas das gerências;

c) *a redução dos postos de trabalho profissional* pode implicar, tanto na demissão propriamente dita, sem substituição, ou na absorção das tarefas do profissional por elementos polivalentes, quanto na transferência das atividades do assistente social para terceiros, na forma de consultoria. Com as demissões, os assistentes sociais, mantidos na empresa, passam a atender a uma gama enorme de problemas e nem sempre conseguem manter o padrão de qualidade e "excelência" exigido. Em geral, limitam-se às atividades básicas e pontuais e esforçam-se para justificar sua permanência na empresa;

d) *a instabilidade e a insegurança* produzidas pela redução de postos de trabalho, que geraram esquemas de subcontratação, através da terceirização ou do estabelecimento de vínculos precários e temporários, manifestam-se também na precarização do trabalho em termos salariais e de benefícios sociais. Para os assistentes sociais subcontratados, há uma clara diferenciação: salários mais baixos e benefícios regulados pelo Estado. Para os assistentes sociais efetivos, há uma maior dependência dos benefícios oferecidos e os próprios profissionais admitem que tais benefícios acabam prendendo-os à empresa;

e) *sujeitos à desqualificação*, em função da flexibilidade funcional, que pode levar à descaracterização de suas funções, tarefas e responsabilidades, além de modificar sua subordinação hierárquica e sua inserção no plano de cargos e salários, os profissionais também estão sujeitos a um tipo de requalificação, que pode tanto enriquecer o conteúdo de seu trabalho, como gerar um empobrecimento, caso lhes sejam repassadas atribuições terminais que impõem responsabilidades limitadas. Constata-se uma crescente polivalência profissional do assistente social, em virtude das exigências de maleabilidade e perfil generalista, que em alguns casos, produz uma modificação do cargo e/ou um acúmulo de funções;

f) *a multifuncionalidade*, associada ao crescimento da participação do profissional em trabalhos em equipe, passa a exigir do profissional não apenas um maior domínio e conhecimento das tarefas dos demais trabalhadores da área e dos gerentes, como permite uma maior interdependência de responsabilidades e, quando necessário, a absorção de novas atividades. O trabalho em grupo está associado à polivalência, que implica também a delegação de uma quantidade maior de tarefas, pois, na ausência de um integrante, um outro pode assumir a responsabilidade pelo seu posto de trabalho, ou seja, tudo que puder ser feito por outro integrante, é feito;

g) *os esquemas de controle e aferição da performance individual e/ou grupal*, vinculados a uma cultura de modernização, em que é exigido um comportamento adequado às metas estabelecidas implicam, inclusive, uma maior variabilidade da remuneração. Subjacente ao discurso da eficácia, eficiência e adaptabilidade, o assistente social sofre um controle sobre seu desempenho, através da verificação do cumprimento ou não das metas de seu trabalho. Sua relevância e produtividade são definidas em função da capacidade de implementar ações que visem atingir os interesses e objetivos da empresa e, em função disso, seu salário sofre uma "individualização".

Além destas questões, observa-se que, seja pela redução do quadro ou pela relocalização administrativa e técnica dos assistentes sociais, *as mudanças nas condições de trabalho terminam por afetar o reconhecimento profissional*, transformando-se, perversamente, em objeto de julgamento da eficiência das suas ações. Assim, muitas vezes, o próprio trabalhador aponta o profissional como ineficiente, responsabilizando-o pela precariedade no atendimento, sem levar em consideração as condições em que ele trabalha.

Considerando este conjunto de inflexões, procuraremos evidenciar a seguir, a relação entre a natureza das políticas utilizadas para gerir o trabalho e a prática do Serviço Social.

É possível inferir que, nas empresas, o exercício profissional do Serviço Social, nos anos 90, é atravessado por uma nova racionalidade técnica e ideopolítica, no âmbito das "políticas de administração de recursos humanos", que refuncionalizam o "tradicional" em prol do "moderno" e mesclam, no campo das atividades profissionais, "velhas" e "novas" demandas, exigindo dos assistentes sociais estratégias que assegurem sua legitimidade social.

Observando-se a inclusão de novos requisitos ao profissional que se relacionam diretamente com as estratégias gerenciais utilizadas pelas empresas para instituir uma prática de "negociação cooperativa" com os trabalhadores em torno dos diversos mecanismos técnicos e políticos que viabilizam o aumento da produtividade. No interior desta prática, tornam-se explícitas as exigências de formação de um novo comportamento e cultura do trabalho que têm nos modelos participativos e no sistema de benefícios e incentivos dois de seus suportes objetivos.

É nesse contexto que situamos a experiência do Serviço Social nas duas empresas pesquisadas. Ou seja: *como um dos mediadores da construção de uma outra racionalidade técnica e política na área de recursos humanos.*

Como assinalado, as novas estratégias de gestão da força de trabalho medeiam as relações de trabalho, tendo por objetivo manter a estabilidade e o "clima" propício ao "desempenho ótimo" do trabalhador, e isso requer o controle, não só no chão de fábrica, mas também fora dele. Assim, a empresa continua a requisitar do assistente social o papel de intermediador entre o trabalho e a vida privada do operário, servindo como interlocutor da "ação social da empresa", só que esta ação está cada vez mais sedimentada e integrada às estratégias de competitividade e assentada em uma política de parceria entre trabalhador e empresa.

O trabalho "educativo", "moralizador" e "disciplinador", requisitado para garantir os níveis de produtividade, atenuar conflitos, coibir insubordinações, identificar insatisfações individuais e coletivas e inibir o potencial organizativo e reivindicatório dos trabalhadores, tem que sofisticar-se progressivamente, afinando-se com as novas técnicas e discursos gerenciais, que apregoam a participação e a colaboração.

Os novos padrões de trabalho, pautados na introdução de novas tecnologias, implicam a máxima utilização da força de trabalho: cada trabalhador torna-se responsável pelo gerenciamento de seu trabalho e também um elo na integração cada vez maior na relação equipe/sistema. Como afirma Lazzarato (1992), o trabalhador deve ser capaz de analisar, tomar decisões, controlar situações inesperadas e, ao mesmo tempo, deve ter uma capacidade de comunicação e de trabalho coletivo, porque a natureza coletiva do trabalho e sua autonomia tornaram-se quase intrínsecos à organização do trabalho. Isto significa que o capitalista é compelido a promover e encorajar o desenvolvimento da subjetividade operária e sua cooperação, pois o eixo da produtividade está no trabalho coletivo e autônomo.

Para efetuar tais mudanças no processo de trabalho e, conseqüentemente, no perfil do trabalhador, torna-se necessário a formação de uma nova cultura do trabalho, o que pressupõe um "moral de envolvimento" e a geração de um novo comportamento produtivo por parte do trabalhador, capaz de proporcionar, de modo previsível, ganhos de produtividade e de competitividade para a empresa.

Este "moral de envolvimento" passa a permear o discurso e as práticas gerenciais. Nesse circuito, onde todos devem participar e colaborar, a motivação é concebida como uma precondição para o aprendizado e para o engajamento do trabalhador. Para assegurar este engajamento, é necessário que sejam consideradas suas necessidades fisiológicas (reprodução material), de segurança (estabilidade no emprego e proteção da família), sociais (aceitação, amizade, união, cooperação), de estima (reconhecimento) e de auto-realização (crescimento contínuo, criatividade, auto-expressão).

A empresa, a título de prover tais necessidades, estabelece políticas de recursos humanos que têm por objetivo favorecer o envolvimento com as suas metas; desenvolver a capacidade e habilidades necessárias para o posto de trabalho, treinando e reeducando o empregado; dar reconhecimento, gerar satisfações e estabelecer a remuneração a partir da geração de resultados.

Como afirma Clegg,

> essas práticas não são apenas capazes de atingir objetivos precisos, como também são reforçadas por sanções básicas generalizadas mas não menos efetivas (...) essas práticas não são simplesmente coercitivas: não só punem e proíbem; mas também, e principalmente, endossam e ensejam vontades obedientes e constituem formas de criatividade e produtividade aprovadas pela organização [1992:80].

As políticas de recursos humanos, consubstanciadas nas sanções e contrapartidas oferecidas pela empresa, deste modo, estimulam o trabalhador a se sentir participante de um processo que, em tese, refletiria suas necessidades e suas escolhas. Segundo meu entendimento, este é o terreno onde vêm proliferando as novas requisições e exigências ao Serviço Social.

Embora permaneça havendo uma valorização de soluções para carências materiais e conflitos, estas questões deixam de ser objeto específico da ação dos assistentes sociais nas empresas, passando a ser competência de todos os profissionais ligados à área de RH da empresa, inclusive, os gerentes. Esta valorização do gerenciamento dos conflitos como um atributo de todos os profissionais "formadores de opinião" torna tênues algumas fronteiras sócio-ocupacionais historicamente estabelecidas.

É neste sentido que o assistente social, para assegurar sua utilidade na organização, é obrigado a requalificar-se, adequando-se a um perfil sociotécnico mais difuso, polivalente e sintonizado com as práticas e saberes dos demais profissionais da área gerencial e de recursos humanos. Esta "relocalização" do profissional no conjunto das atividades de acompanhamento ao trabalhador exige não apenas a adoção de novos paradigmas de eficácia e eficiência como, também, modifica o escopo das suas qualificações para o exercício das funções sociais e técnicas que lhe são exigidas.

As injunções que este processo imprime sobre a prática profissional e as condições sob as quais ela passa a ser exercida, podem favorecer a incorporação acrítica — pelos assistentes sociais — dos discursos e práticas das gerências, ao mesmo tempo em que agudizam a subalternidade, a alienação e colocam em questão o "estatuto" profissional do assistente social.

Nas empresas, a legitimação social da profissão, isto é, o foco de seu reconhecimento ainda reside na capacidade de intervir na administração das "necessidades humanas". Assim, pretende-se preservar a produtividade da força de trabalho, freqüentemente afetada pelas "carências individuais" e pela manifestação de comportamentos inadequados que interferem no processo de trabalho.

O Serviço Social mantém-se reconhecido como uma atividade auxiliar e subsidiária no exercício do controle sobre a força de trabalho, intervindo sobre a vida do trabalhador, fundamentalmente, através dos serviços sociais. Assim, a execução de programas assistenciais, tendo por base uma ação educativa, é considerada como a função técnica, por excelência, do assistente social, nas empresas. Há, portanto, um predomínio de requisições tradicionais, historicamente determinadas, às quais o profissional deve responder.

No contexto da reestruturação, tais demandas não se alteram radicalmente. No entanto, é possível identificar o surgimento de novas atribuições, como é o caso do assessoramento às chefias, particularmente em questões que envolvem a vida comunitária e familiar do trabalhador.

Observamos que, embora a natureza pedagógica da atividade profissional persista, o modo de socializar e utilizar as informações do Serviço Social é modificado profundamente. As informações passam a ser amplamente utilizadas pelas gerências na definição de critérios de controle e verificação do desempenho do trabalhador. Vale destacar que a este controle, o próprio profissional está submetido, posto que é introduzida uma outra racionalidade técnica ao seu trabalho, também subordinada aos princípios da eficácia/eficiência, que predomina em toda a organização. Assim, a própria avaliação do desempenho do assistente social é calcada nos resultados práticos do seu trabalho e tem, como um dos indicadores, a satisfação do cliente (interno/externo) associada ao seu comprometimento com as metas da empresa.

Em suma, o papel do Serviço Social na empresa parece ser o do intermediador das relações conflitivas ou de inadaptação dos trabalhadores às normas e exigências da organização. Entretanto, pelo que pudemos constatar, a abrangência do seu trabalho é redimensionada, seja em relação à sua "clientela", seja em relação ao seu envolvimento quase que direto com as metas da qualidade e produtividade.

De outro modo, podemos dizer que a ação do assistente social permanece vinculada à prestação de serviços sociais. Contudo, esta ação é mediada por critérios de julgamento/elegibilidade que expressam a "cultura das avaliações do desempenho" adotada pela empresa. Assim, os critérios de consumo dos serviços sociais também afastam-se da tradição assistencial e vinculam-se estreitamente com as metas da produtividade de cada trabalhador. Nestes termos, as discussões mais críticas sobre o significado dos benefícios ocupacionais são enfraquecidas em prol de uma explícita relação entre produtividade, remuneração, benefícios e incentivos.

Sobre este tema podemos observar que a atual experiência do Serviço Social nas empresas pode ser um mecanismo que articula disciplina com sistemas de recompensas materiais e simbólicas. O assistente social passa, portanto, a empreender redefinições no conteúdo de seu trabalho, buscando compatibilizar o seu exercício profissional com as normas, fluxos, rotinas, finalidades e postulados da organização, cuja racionalidade técnica e política parecem negar o ideário do discurso profissional dos anos 80, que primava por defender a universalização e o direito ao trabalho protegido.

As exigências do processo de reestruturação, desta forma, vêm implicando no redimensionamento técnico, teórico, político e ético da prática do Serviço Social nas empresas que, no nosso ponto de vista, longe de representar o "novo", repõe elementos conservadores da ação profissional.

Ainda que o assistente social adquira o estatuto de assessor, de prestador de serviços sociais, preocupando-se com o aspecto técnico-instrumental de sua prática, otimizando a utilização dos recursos disponíveis e estabelecendo prioridades, tudo leva a crer que sua prática profissional sofre um profundo processo de perda de autonomia e organicidade em relação às reais necessidades dos trabalhadores. A rigor, o profissional continua a ser mobilizado pela empresa, no entanto, como demonstraram os discursos dos dirigentes das duas empresas pesquisadas, parece que o público-alvo do Serviço Social não são mais os trabalhadores "necessitados" e sim, as gerências polivalentes.

No circuito da reestruturação produtiva, fica evidenciado que, ao mesmo tempo em que o papel do Serviço Social adquire uma outra funcionalidade, colocam-se exigências de qualificação, que recaem sobre o perfil profissional. Exige-se um perfil sócio-técnico "moderno", delineado por procedimentos "racionais" e "profissionais", que passam a nortear a requalificação do assistente social.

Os atributos técnicos e comportamentais que conferem uma outra dimensão à qualificação profissional e exigem, do trabalhador, um novo comportamento produtivo, baseado no compromisso com as metas estabelecidas para seu desempenho, também são requeridos aos assistentes sociais, submetendo-os, embora de modo diferente, às novas formas de consumo e controle da força de trabalho.

Para tal, os profissionais participam dos programas de treinamento e desenvolvimento estruturados pela própria empresa, cujo objetivo é requalificar o profissional dentro dos parâmetros das modernas teorias de gestão empresarial, para que este possa adequar-se a um perfil polivalente, multifuncional e adequado ao trabalho em equipes. Do mesmo modo, contribui para conformar esse novo perfil do profissional de Serviço Social, o sistema de avaliação do desempenho que, para além da qualificação técnica, valoriza os atributos comportamentais, que definem, em grande parte, as expectativas das gerências quanto às habilidades profissionais do assistente social.

No contexto em que há um maior controle do desempenho pela verificação do cumprimento não só das metas individuais, mas também das metas grupais, o profissional é levado a racionalizar seu trabalho, procurando enquadrar suas ações nos padrões impostos pela gestão da qualidade. A busca de eficiência torna-se imperativa, pois quando alguns processos (serviços) não atingem as metas eles são redefinidos ou eliminados. Neste caso, é o próprio profissional quem perde o seu posto de trabalho.

A pesquisa demonstrou que o assistente social tem seu trabalho intensificado e encontra-se, cada vez mais, sujeito às inseguranças que afligem o mundo do trabalho, em especial, a instabilidade no emprego. Somem-se a isso a dependência salarial para sua manutenção e a fragilização da representação do trabalho, traduzida nas estratégias defensivas do movimento sindical.

Considerações finais

Podemos afirmar que as mudanças engendradas pelo processo de reestruturação afetam as condições objetivas em que o trabalho do assistente social se realiza. Como estas mudanças não são alheias à sua prática, provocam inflexões na direção social, no conteúdo e nos meios objetivos para materialização dos resultados.

Isso significa que as condições em que o exercício profissional se realiza são bastante adversas e interferem significativamente nas atribuições dos profissionais. Os assistentes sociais enfrentam uma série de dificuldades e limitações para conduzir seu trabalho e tentam assegurar sua legitimidade, manter seu posto de trabalho e afirmar sua utilidade, procurando responder às exigências feitas pela empresa, definindo seus objetivos profissionais a partir dos objetivos corporativos.

Os profissionais buscam articular valores, fins e modalidades de intervenção capazes de tornar a ação profissional apta a ser reconhecida pelo requisitante-empregador. Todavia, como constatado na pesquisa, as mudanças nas condições do exercício profissional terminam por afetar o reconhecimento e também inflexionam o conteúdo do trabalho e o horizonte político da prática.

A tendência de buscar empreender ajustes às mudanças, adequando a ação profissional aos padrões vigentes, vulnerabiliza as tentativas de imprimir à prática uma dimensão teórico-metodológica e ético-política que expresse a preocupação profissional com a organização dos trabalhadores, com uma maior democratização das relações de trabalho e com o exercício dos direitos sociais e políticos.

Ao contrário das formas de organização intrafabris — resultado da luta do movimento sindical — a participação gerencialista é utilizada como um meio de mobilização dos trabalhadores para a mudança de atitudes e comportamentos individuais capazes de dinamizar sua integração à empresa. Todos os esforços empreendidos pelas empresas dirigem-se para a redução dos conflitos e para a institucionalização das mudanças necessárias ao processo de racionalização da produção. É preciso atrair o trabalhador e neutralizar o seu descontentamento, antes que o sindicato o mobilize. Nessa dinâmica, a assistência é transmutada em "promoção social", contribuindo para reintegrar a força de trabalho às novas exigências do processo de acumulação do capital.

O Serviço Social, portanto, se inscreve em um contexto institucional permeado de conflitos, de lutas, de jogos de poder. O exercício profissional tem contradições intrínsecas que, ao mesmo tempo, revelam sua essência e as ocultam. A prática dos assistentes sociais configura-se essencialmente contraditória e torna-se, mais ainda, pois a organicidade com objetivos corporativos que lhes é exigida, esbarra na condição de serem os próprios profissionais vendedores da força de trabalho, pertencentes à classe sobre a qual incide sua atuação de cunho político-ideológico.

Em outros termos, significa que a profissão possui um caráter contraditório que lhe é inerente e este caráter pode tanto conservar aspectos do "modo de ser" capitalista quanto questioná-los, negando-os. A dialética de continuidades e rupturas, no exercício profissional do assistente social, comporta um conjunto de possibilidades que podem levá-lo a superar a alienação com relação ao seu próprio trabalho e, particularmente, com relação ao produto gerado a partir dele. Responder crítica e criativamente às exigências colocadas pela reestruturação produtiva, defender suas condições de trabalho e resistir às práticas de passivização são, a rigor, os grandes desafios que estão postos para o assistente social e para os demais trabalhadores "que vivem do seu trabalho".

Referências bibliográficas

ANTUNES, R. *Adeus ao trabalho?: ensaio sobre as metamorfoses e a centralidade do trabalho.* São Paulo, Cortez, 1995.

BNDES, CNI & SEBRAE. *Qualidade e produtividade na indústria brasileira.* Rio de Janeiro, 1996.

BRAGA, R. *A restauração do* Capital. *Um estudo da crise contemporânea.* São Paulo, Xamã, 1997.

BRAVERMAN, H. *Trabalho e capital monopolista.* Rio de Janeiro, Editora Guanabara, 1987.

BURAWOY, M. A transformação dos regimes fabris no capitalismo avançado. In: *Revista Brasileira de Ciências Sociais.* São Paulo, Vértice, n. 13, dezembro 1990.

CADERNOS DE PROPOSTA. *Crise e reestruturação industrial.* Rio de Janeiro, Fase/PIC/PTU, n. 1, 1994.

CAMPOS, V. F. *TQC: gerenciamento da rotina do trabalho do dia-a-dia.* Rio de Janeiro, Bloch, 1994.

CARVALHO, R. de Q. & SCHIMITZ, H. O fordismo está vivo no Brasil. *Novos estudos CEBRAP.* São Paulo, n. 27, julho 1990.

CESAR, M. de J. Reestruturação da produção e gestão da força de trabalho: novas exigências para o Serviço Social nas empresas. Dissertação de mestrado, UFRJ/CFCH/ESS, maio 1998.

CLARKE, S. Crise do fordismo ou crise da social democracia? In: *Lua Nova.* São Paulo, Marco Zero, n. 24, setembro 1991.

CLEGG, S. R. Tecnologia, instrumentalidade e poder nas organizações. In: *RAE — Revista de Administração de Empresas.* São Paulo, v. 32, n. 5, nov./dez. 1992.

CORIAT, B. *Pensar pelo avesso: o modelo japonês de trabalho e organização.* Rio de Janeiro, Tevan/UFRJ, 1994.

FERRO, J. R., TOLEDO, J. C. & TRUZZI, O. M. S. *Automação e trabalho em indústrias de processo contínuo.* São Paulo, UFSCar, 1993. Mimeografado.

FLEURY, M. T. L. & FISCHER, R. M. (Orgs.) *Processo e relações de trabalho no Brasil.* São Paulo, Atlas, 1987.

FRANCISCO, E. M. & CARDOSO, I. C. da C. Novas tecnologias de gerenciamento e novas demandas colocadas ao profissional de Serviço Social. In: *Cadernos ABESS.* São Paulo, Cortez, setembro 1993.

GRAMSCI, A. *Maquiavel, a política e o estado moderno.* Rio de Janeiro, Civilização Brasileira, 1991.

HARVEY, D. *Condição pós-moderna — uma pesquisa sobre as origens da mudança cultural.* São Paulo, Loyola, 1994.

IAMAMOTO, M. V. *Renovação e conservadorismo no serviço social.* São Paulo, Cortez, 1995.

_____. & CARVALHO, R. de. *Relações sociais e serviço social no Brasil.* São Paulo, Cortez, 1983.

LAZZARATO, M. "Le Concept de Travail Immatériel: La Grande Entreprise". In: *Futur Antérieur,* n. 10. "Paradoxes autour du Travail", 1992/2.

_____. "Le Cycle de la Production Immatérielle". In: *Futur Antérieur,* n. 16. "Paradigmes du Travail", 1995/2.

LEITE, M. de P. & POSTHUMA, A. C. Reestruturação produtiva e qualificação: reflexões sobre a experiência brasileira. *São Paulo em Perspectiva.* São Paulo, Fundação SEADE, v. 10, n. 1, jan./mar. 1996.

LIMA, M. E. A. Novas políticas de recursos humanos: seus impactos na subjetividade e nas relações de trabalho. *Revista de Administração de Empresas.* São Paulo, v. 34, n. 3, maio/jun. 1994.

MACEDO-SOARES, T. D. de & LUCAS, D. C. *Práticas gerenciais-chave de qualidade das empresas líderes no Brasil.* Rio de Janeiro, Qualitymark, 1996.

MANDEL, E. *O capitalismo tardio.* São Paulo, Nova Cultural, 1985.

_____. *A crise do capital.* Campinas, UNICAMP/Ensaio, 1990.

MARX, K. *O Capital. Crítica da economia política.* Rio de Janeiro, Bertrand, 1994.

MOTA, A. E. *O feitiço da ajuda: as determinações do serviço social na empresa.* São Paulo, Cortez, 1985.

_____. *Cultura da crise e seguridade social: um estudo sobre as tendências da previdência e da assistência social brasileira nos anos 80 e 90.* São Paulo, Cortez, 1995.

MOTTA, F. C. P. As empresas e a transmissão da ideologia. *Revista de Administração de empresas.* São Paulo, v. 32, n. 5, nov./dez. 1992.

NETTO, J. P. *Capitalismo monopolista e serviço social.* São Paulo, Cortez, 1992.

_____. *Ditadura e serviço social.* São Paulo, Cortez, 1994.

_____. Transformações societárias e serviço social. *Serviço Social & Sociedade,* São Paulo, Cortez, n. 50, abr. 1996.

OLIVEIRA, C. E. B. de & MATTOSO, J. E. L. (Orgs.) *Crise e trabalho no Brasil: modernidade ou volta ao passado.* São Paulo, Scritta, 1996.

PIORE, M. & SABEL, C. *The second industrial divide.* New York, Basic Books, 1984.

RAMALHO, J. R. Controle, conflito e consentimento na teoria do processo de trabalho: um balanço do debate. *BIB.* Rio de Janeiro, n. 32, 2º semestre 1991.

RUAS, R. & ANTUNES, E. Gestão do trabalho, qualidade total e comprometimento no cenário da reestruturação. In: *São Paulo em Perspectiva.* São Paulo, Fundação SEADE, v. 11, n. 1, jan./mar. 1997.

SABOIA, J. *Mercado de trabalho no Brasil: evolução e tendências recentes.* Rio de Janeiro, IEI/UFRJ, 1996. Mimeografado.

SADER, E. & GENTILI, P. (Orgs.) *Pós-neoliberalismo: as políticas sociais e o Estado democrático*. Rio de Janeiro, Paz e Terra, 1995.

TEIXEIRA, F. J. S. *O capital e suas formas de produção de mercadorias enquanto momentos atualizadores de O CAPITAL*. Ceará, UECE, 1996. Mimeografado.

6

REESTRUTURAÇÃO NOS BANCOS E A AÇÃO DO SERVIÇO SOCIAL

Elziane Olina Dourado[*]

Nosso objetivo neste artigo é apresentar de que modo se configura, no setor bancário, o processo de reestruturação, tendo como pano de fundo as mudanças de base tecnológica (automação microeletrônica), e suas implicações na emergência de um novo perfil de trabalhadores, em particular dos gerentes.

Também abordaremos como o Serviço Social se coloca nesse contexto: o conteúdo de suas ações e os desafios enfrentados.

Sabemos dos vários problemas vivenciados pelo profissional de Serviço Social e da necessidade de lidar com eles, no espaço em que estão surgindo.

Obviamente não buscamos soluções definitivas nem entendemos existi-las. Procuraremos, apenas, tecer algumas reflexões que representam um acúmulo no conjunto de nossa trajetória

---

[*] Mestre em Serviço Social e professora da Universidade do Estado do Rio de Janeiro.

profissional e que podem contribuir ao estudo do Serviço Social e Trabalho.

Para tanto, destacaremos num primeiro momento, como o setor bancário enfrenta esse conjunto de mudanças cuja visibilidade é maior neste final da década de 90. Em seguida, veremos as implicações desse processo na conformação de um novo trabalhador bancário e como essas novas exigências se estendem ao Serviço Social, especialmente no que se refere à sua ação profissional.

O interesse pelo estudo das implicações tecnológicas sobre o trabalho bancário surgiu da constatação das modificações que se vêm processando nesse setor, principalmente, a partir da década de 80, com a introdução de tecnologias baseadas na microeletrônica (sistema *on line*). Esse processo de automação e informatização dos serviços bancários faz parte de um conjunto de transformações políticas e culturais localizadas no processo de reestruturação da economia capitalista, na referida década.

Tais transformações de mote transnacional engendraram formas diversificadas e combinadas de implementação e consumo de inovações tecnológicas e gerenciais que assumem diferentes matizes de acordo com os setores em que se situam (produtivo/improdutivo), como é o caso dos bancos.

Nesta ótica, no pós-64, situa-se o Brasil, através de ordenação jurídico-política autocrática, assumindo o modelo de substituição de importações cuja tônica desenvolvimentista, vinculada estreitamente ao capital internacional, possibilitou a "modernização" direcionada pela política de transnacionalização do capital.

No Brasil, a reforma financeira, realizada no período da ditadura militar, impôs modificações na estrutura e no modo de funcionamento do sistema financeiro. As atividades bancárias, até então, não possuíam uma estrutura e regras de funcionamento definidas, seguindo um curso relativamente independente de mecanismos regulatórios que caracterizassem uma subordinação do setor às regras institucionais, o que permitia que cada banco, e mesmo cada agência, dispusesse de procedimentos contábeis próprios e de um modo peculiar de organizar seu trabalho e rotinas.

Naquele contexto, a profissão de bancário adquiria um *status* de "ofício" em que a aquisição de conhecimento era um processo de aprendizagem centralizado na referência do mestre (contador) que possuía o domínio de todo o serviço cotidiano da rede bancária (Silva, 1991).

Com a instituição da Padronização Contábil dos Estabelecimentos Bancários (PACEB), na circular 93/67, foi fortalecido o processo de controle do Banco Central (BC) sobre a atividade bancária, ao tempo em que houve uma maior racionalização do setor, que normatizou os sistemas de contabilidade, números-códigos, índice de títulos e definições. Esta padronização implicou na rigidez de uma série de procedimentos pré-fixados para a utilização cotidiana no fluxo das atividades bancárias.

É incontestável que essas mudanças repercutiram sobremaneira no trabalho bancário e na própria representação social que essa profissão assumia. Podemos indicar alguns desses elementos: repetição e simplificação de tarefas, mudanças no processo de trabalho e no perfil dos trabalhadores, extinção de carreiras, perda de *status* etc.

A política econômica do governo militar, alegando imprimir maior eficiência ao sistema financeiro, criou condições para o processo de concentração e expansão bancária. Este setor recebeu diversos privilégios para a criação de novas agências, para as fusões e incorporações, além de receber concessão de recursos públicos por parte do Estado.

O capital financeiro se amplia sob as bases monopolísticas, protegido, econômica e politicamente, pelo Estado, o que favoreceu a concentração e oligopolização no setor ao se formarem os grupos ou conglomerados financeiros, estruturas altamente centralizadas que combinam uma empresa controladora com uma série de outras empresas ou, ainda, grupos de empresas subordinadas à primeira, atuando num só ou em diversos setores e ramos da economia, em nível nacional e internacional. Isto pode ser melhor observado ao constatarmos a redução drástica de matrizes bancárias nacionais desde o início dos anos 60 até meados de 80.

A reforma de 64 também propiciou uma modernização operacional. Significa dizer que as transformações de base tecnológica dos serviços bancários, articuladas à informática e à telemática, foram fundamentais para a ampliação da oferta desses serviços e para a crescente integração dos mesmos. Através dos

151

terminais, abre-se a possibilidade de consultar saldos, realizar verificações, registrar depósitos etc., pois estão conectados diretamente a um computador central (*host computer*) na linha (*system on line*), o que proporciona a realização das transações em tempo real, não havendo mais necessidade de solicitar autorização telefônica para tais serviços. Desse modo, para ter acesso a estas informações, basta ao cliente, introduzir o cartão magnético codificado, teclar o número de identificação pessoal e seguir as instruções apresentadas no visor dos terminais.

Esta rede de serviços está articulada aos dispositivos da chamada tecnologia EFT (*Eletronic Funds Transfer*). Cabe destacar que, sem essa tecnologia, dificilmente seria possível realizar o trabalho de ampliação dos serviços bancários, particularmente a criação dos bancos múltiplos, e a utilização do "dinheiro eletrônico".

Nos anos 80 o sistema incorpora todo esse conjunto de modernizações e assim se inicia uma nova fase de automação bancária, introduzindo modificações substanciais no trabalho, de que são exemplos os caixas que já não transitam de um lugar para outro a fim de confirmar/coletar informações, pois os lançamentos são feitos nos próprios terminais conectados aos computadores centrais que fornecem a atualização do saldo de modo imediato.

Nesse sentido, o trabalho da retaguarda é reduzido, pois as informações são transmitidas e arquivadas pelos computadores, reduzindo a quantidade de papéis utilizados anteriormente para as mesmas operações.

Os valores, organização, hierarquia e rotina dos bancos tradicionais são modificados com o processo de informatização. Alguns critérios exigidos anteriormente, como conhecimento em contabilidade, não mais merecem atenção no processo de seleção e recrutamento, e o antigo *status* do gerente, que revelava a confiabilidade dos clientes nos bancos, foi substituído pelos computadores que são agora sua imagem pública. Não mais existem contadores no comando da atividade bancária, pois os técnicos de informática os substituíram. Enfim, foram criadas uma série de novas funções (apoio à gerência) e muitos serviços de retaguarda ou foram eliminados, ou deslocados para os centros de serviço

— os CPD's. Até mesmo o lay-out das agências é modificado, pois conta com um número menor de funcionários (SILVA, 1991).

Vale destacar que, segundo análise do Departamento Intersindical de Estatísticas e Estudos Sócio-Econômicos (DIEESE), o mercado de trabalho no setor vem se retraindo "desde o final da década de 70, aprofundando-se nos anos 80/82 e sofrendo em 1986, em função do ajuste interno do setor financeiro, uma outra retração. Em 1990, foram demitidos em torno de 130 mil bancários em todo o país (...) foi uma brutal redução de postos de trabalho (...), todos os empregos criados no país, entre 1973 e 1980, foram destruídos em menos de três anos de recessão" (DIEESE, 1993). Percebemos que, no decorrer da década de 90, há um aprofundamento dessa tendência no setor, principalmente com a política econômica do Governo Fernando Henrique, que infelizmente vem confirmando as previsões feitas pelo Sindicato dos Bancários de São Paulo em 1993 de que "cerca de 150 mil dos 580 mil bancários vão perder o emprego em cinco anos" a despeito de todo o recurso financeiro que o governo vem injetando na área bancária.

Todo esse conjunto de mudanças provoca o desaparecimento de algumas funções e o surgimento de outras, apontando assim para a emergência de um novo perfil da categoria bancária e uma nova compreensão do que é um banco.

Assim como um mesmo funcionário vende/oferece aos clientes os serviços, as agências bancárias passam a ser um ponto de venda de serviços (seguros de vida, automóvel, casa; letras de câmbio, depósitos a prazo, caderneta de poupança etc.). Aqui, nos defrontamos com uma perspectiva existente no interior do sistema bancário que o vê como supermercado de serviços, introduzindo o conceito de produto nesse setor. Desta forma, uma conta corrente, uma poupança e um seguro de vida passam a ser produtos.

Como característica dessa nova visão da instituição bancária, há um destaque para o setor de marketing que passa a criar famílias de produtos e serviços especiais para clientes especiais. É na diferenciação de produtos e serviços que se busca galgar mais espaço diante da crescente competitividade no setor e assim se intensificam a busca de captação de recursos e clientes nas mais diferenciadas faixas do mercado.

A emergência de um novo trabalhador bancário faz sentido, se relacionarmos o alcance destas metas com a existência de profissionais capacitados, indivíduos motivados e com a adesão da cultura empresarial e dos objetivos pretendidos.

Há claramente uma busca de um "novo profissional" bancário de quem, além do quadro de habilidades técnicas requeridas, exige-se disposição para engajar-se numa visão de banco moderno, flexível. A experiência não traduz mais, como no banco tradicional, um requisito essencial para o trabalho.

Assim, a entrada no sistema modifica-se, pois atualmente o modo de recrutamento e seleção indica características novas, que solicitam uma qualificação peculiar à força de trabalho bancária. Essa exigência se coloca num contexto marcado por um discurso de "modernidade" onde conceitos como flexibilidade e qualidade adquirem um tom preponderante.

Essas organizações financeiras, ao assumirem o discurso de modernizar a estrutura organizativa, incorporando as inovações da chamada automação flexível, provocam profundas transformações no processo de trabalho e no modo de interagir com o mercado. O recrutamento (sondagem da força de trabalho para a organização) e a seleção (concretização do ato de contratação) afinam-se com estas novas exigências.

Através de pesquisa[1] realizada, podemos inferir alguns elementos presentes na relação entre o conjunto dessas inovações tecnológicas e de gestão no setor bancário e ação do Serviço Social.

Como vimos, a tecnologia microeletrônica suscitou novas tecnologias de gerenciamento da força de trabalho. No entanto,

---

1. Essa pesquisa resultou na dissertação de mestrado *As inovações tecnológicas e suas implicações no perfil do trabalhador bancário — o caso dos gerentes*, cuja preocupação central consistiu em analisar a constituição do capital financeiro, destacando o conjunto de mudanças no setor bancário brasileiro com a introdução da microeletrônica e de novas tecnologias de gestão. Atualmente desenvolvo pesquisa relacionada a este tema no Programa de Estudos do Trabalho e Reprodução Social (PETRES) na Faculdade de Serviço Social da UERJ, criando subsídios para assessoria sobre gestão do trabalho e Serviço Social.

154

vale destacar que, se o gerenciamento sofreu modificações profundas nesse período, elas nem sempre foram acompanhadas por novas tecnologias no setor bancário. Essas novas tecnologias variam no interior dos diferentes setores da produção e até mesmo no interior de uma mesma planta industrial. Assim, além da fragmentação da força de trabalho, encontramos também, nos mais diferentes estudos produzidos, a afirmação de coexistência entre processos de trabalho automatizados e não-automatizados em uma mesma planta ou seção de fábrica.

Encontramos experiências na área bancária onde é possível perceber que, no contexto de implementação desse conjunto de inovações, há ênfase no atingimento de metas individuais e coletivas.

É nesse sentido que também a ação profissional do Serviço Social ora se coloca na execução das políticas sociais empresariais, em que a segmentação dos benefícios se afirma principalmente com a preocupação de construir a confiabilidade do trabalhador, além de garantir minimamente a reprodução social de sua força de trabalho e, em outros momentos, se coloca como um agente profissional "de mudança", importante na disseminação da cultura, presente nas novas formas de gerenciamento da força de trabalho.

Nesse sentido, o Serviço Social, junto com outras categorias profissionais, se responsabiliza por questões que envolvem as relações e condições de trabalho, a fim de que as mesmas não interfiram negativamente no desempenho do empregado (baixo nível de produtividade) e, conseqüentemente, na produtividade da organização. Por vezes, o profissional reproduz em seu discurso o projeto da organização, tomando-o como projeto profissional.

Um outro elemento que percebemos é a tendência à regionalização do trabalho profissional, isto é, há uma intensificação do ritmo e sobrecarga de trabalho a partir da aglutinação de várias agências, em regiões diferenciadas, sob a responsabilidade do profissional, como por exemplo:

"Nós somos duas profissionais (...), trabalhamos com/em torno de 3.500 funcionários no Rio de Janeiro e pegamos Espírito Santo, então é muita gente, não tem como... Nós temos até uma auxiliar que é formada em assistente social, mas não tem possibilidade de contratação... e agora, então, do jeito que está essa recessão aí...".

Essa situação se repete com freqüência na área bancária. Aqui as condições de trabalho dos profissionais sofrem alterações significativas, seja pela intensificação do ritmo de trabalho, seja pela restrição do conteúdo do mesmo a informações sobre os benefícios e a atendimentos sociais individualizados que são realizados, em sua grande parte, por telefone.

A repercussão da situação econômica dos trabalhadores é percebida de modo imediatista, sem nenhuma vínculação com a questão da redução de salários, de benefícios e até mesmo de postos de trabalho. A tentativa de lidar com essa demanda restringe-se a atender casos de emergência, como enchentes, através de estudos sociais que definem os que se encontram em maior necessidade (critérios de elegibilidade) e estabelecer convênios de promoções, teatros, shows. Ao mesmo tempo em que se reconhece que "os bancários não têm dinheiro", busca-se através de convênios com serviços e lojas ampliar esse poder de compra que, na realidade, se encontra cada vez mais diminuído, já que a categoria bancária vem sofrendo um empobrecimento constante. A maneira de se ver a ação profissional consiste em procurar amenizar as condições econômicas estruturais impossíveis de serem resolvidas, como nos revela essa entrevista de um profissional:

"Tem que ficar implementando todos aqueles convênios porque o funcionário quer um retorno substancial. Ele não pode dar muito dinheiro... de qualquer maneira, tentar ajudar de alguma forma, e a maneira que a gente realmente acha é o convênio".

Com isso, ao longo do tempo, observa-se um relativo empobrecimento da prática profissional, na medida em que não são vislumbrados — a partir do cotidiano — as relações entre o conjunto das mudanças de ordem tecnológica e de gestão. Este dado, em parte, justifica a surpresa revelada pelos entrevistados diante da pergunta sobre a identificação das mudanças tecnológicas e de gestão e as demandas ao serviço social, delas decorrentes.

Também observamos que, quando se estabelece a relação entre precarização e condições de trabalho, reafirma-se, em grande parte, no atendimento individual, o discurso da organização, como se bastasse ser um "bom empregado" para não ser demitido, isto diante de um quadro de demissões crescentes no setor e de desemprego estrutural.

A questão que se coloca é a necessidade deste profissional ser capaz de estabelecer os nexos entre as demandas reais e potenciais com o conjunto de mudanças no setor. Isso não implica garantia de empregabilidade. Não podemos também incorrer no erro de associar, necessariamente, o desemprego à desqualificação profissional, sob pena de reproduzirmos o discurso de culpabilização do trabalhador tão recorrente na mídia.

Ao mesmo tempo em que isto não se justifica, também não podemos deixar de problematizar a fragilidade que temos em compreender os fenômenos que estão ocorrendo, e correlacioná-los ao espaço concreto de nossa prática profissional.

É interessante observar que no interior das organizações bancárias há um grau de diferenciação entre os próprios trabalhadores. Observamos a formação de um "novo trabalhador" com requisições que exigem um perfil mais generalista, com capacidade de diagnosticar, intervir e arbitrar. Essas solicitações se referem às funções que estão ligadas diretamente ao negócio da empresa: a venda de papéis e serviços ligados diretamente aos clientes. Para esses trabalhadores há um investimento estratégico em sua formação profissional.

Quando observamos o Serviço Social, vimos uma outra realidade. Na mesma instituição bancária em que o gerente está tendo acesso "às melhores cabeças" no treinamento, há uma maior precarização das condições de trabalho do assistente social — regionalização do atendimento; visitas domiciliares anteriormente realizadas com transporte próprio da empresa passaram a ser realizadas com transporte coletivo; não há liberação para treinamento, que tem de ser feito sem o financiamento da empresa e após o horário de trabalho. Essa categoria profissional participa, como outras categorias bancárias, do chamado treinamento em serviço.

Qual o significado dessa diferença de tratamento dentro de um mesmo local de trabalho?

As funções estratégicas recebem um investimento estratégico, enquanto as funções com menor prestígio assumem um outro lugar no conjunto das relações, no interior das organizações. Não é por acaso que as funções responsáveis pela venda dos produtos se impõem como as mais importantes para os bancos, já que são as implementadoras dos negócios da unidade bancária.

Assim é que a gerência tem mais prestígio, por estar diretamente ligada aos negócios da empresa e por exercer um papel importante como disseminador do novo ideário. Este baseia-se no novo modelo de organização da produção que incorpora políticas participativas emprestadas, em grande parte, do chamado modelo japonês, incorporando no dia-a-dia os valores e cultura que legitimam e implementam esse modo peculiar de organização do trabalho.

Um outro elemento a ser destacado é que essa nova conformação do trabalho bancário, num cenário onde informações são manipuladas através de terminais ligados a computadores centrais das organizações, no momento em que são produzidas, por um lado, possibilita a inibição da ociosidade de informação e, por outro, intensifica "qualitativamente a desqualificação do bancário", pois segundo GRUN (1986: 15):

"No sistema anterior, o essencial do trabalho nos setores usuários da computação era organizado segundo a sua lógica interna concreta, da qual o bancário de *métier* extraía a sua maestria; agora a razão informática penetra a finito a própria lógica do processo de trabalho interno aos setores usuários e vai encarnar-se no sistema de máquinas. A inteligibilidade do processo passa, assim, a deixar de ser atributo dos seus executores".

Há no interior das agências bancárias de um lado, o trabalho rotineiro, padronizado e emburrecedor dos caixas (Signini, 1988); de outro, os gerentes com uma atividade dinâmica, onde se exige mais em termos de flexibilidade e criatividade — administração do negócio — (Dourado, 1995).

Ainda que o processo de trabalho do gerente apresente-se com uma relativa autonomia no desenvolver das tarefas, há um controle cada vez maior a partir de seu nível de produtividade, das metas estabelecidas. O parâmetro de avaliação é mais a eficiência no atendimento aos clientes do que na execução de rotinas estabelecidas (como na retaguarda), o que, certamente, indica tendências novas requeridas ao trabalhador.

O Serviço Social sofre, ao contrário do que apregoa o chamado "enriquecimento de cargos", um empobrecimento do conteúdo profissional, na medida em que as próprias requisições empresariais se dirigem, em grande parte, à reiteração de uma prática empiricista, reforçando o caráter de rotinização das tarefas e de "apagar incêndio" como fica claro quando observamos a ação profissional regionalizada (atendimento por telefone ou visitas esporádicas às agências no conjunto das regiões).

Vários são os profissionais que buscam, nesse contexto, redimensionar a prática profissional, construindo alternativas através de propostas de programas como dependência química, clima social, qualidade de vida, acompanhamento mais sistemático dos atendimentos sociais, entre outros. No entanto, nem sempre na cultura da organização, a profissão de Serviço Social é vista como agente socialmente reconhecido para tratar problemáticas mais amplas, além do atendimento específico de plantão social.

Esse tipo de realidade profissional não se restringe ao setor bancário.

Já tive oportunidade de acompanhar a tentativa de um profissional de Serviço Social da área naval de implementar um trabalho com propostas mais complexas do que aquelas que lhe eram requisitadas pela empresa. Apesar de já ter o projeto elaborado, naquele momento não conseguiu pô-lo em prática, sendo informado de que "o que se esperava do Serviço Social era aquilo que se estava sendo feito e não o estava sendo proposto".

É interessante observar que em sua proposta original não havia nenhuma proposição que pudesse colocar em risco os interesses da organização, mas seu conteúdo buscava atualizar a ação profissional ao novo discurso de modernização da empresa.

Assim, o Serviço Social continua a desenvolver as atividades já instituídas, não absorvendo demandas explícitas decorrentes da introdução das novas tecnologias de gerenciamento.

A meu ver, a questão que se coloca hoje ao Serviço Social não é a de ser capaz de atender às demandas do mercado, que se alteram com certa fluidez, mas de se ter claro quais são as habilidades técnicas, sociais e comportamentais que essa forma de organização de trabalho exige, e ser capaz de, ao ultrapassar as exigências do mercado, manter-se numa perspectiva de construção do conhecimento e de um projeto profissional que reafirme a ruptura com o conservadorismo.

Uma outra situação observada, que merece destaque, ocorre no espaço de organizações que requisitam o Serviço Social para trabalhar junto à equipe de recursos humanos (ou onde o Assistente Social consegue por mérito próprio se colocar como profissional competente) para alavancar os processos de mudanças nas organizações.

Isso significa, para o espaço organizacional, reconhecer neste profissional habilidades técnicas e sociais que lhe permitem romper com uma visão burocrática da prática profissional. Desse modo, é requisitado a contribuir para a formação de equipes integradas às metas de produtividade (desempenho grupal), já que há ênfase na diminuição dos níveis hierárquicos, diferentemente do modelo de organização de produção associado ao padrão taylorista/fordista, onde a estrutura organizacional é extremamente hierarquizada, com controle rígido do processo produtivo, privilegiando-se a especialização e o desempenho individual.

O assistente social como outros profissionais também se vê persuadido a aderir ao novo ideário que emerge junto aos novos padrões de relações de trabalho que estão levando as empresas a redefinirem as políticas de gestão da força de trabalho.

O papel, não restrito ao Serviço Social, de disseminador da cultura possibilita integrar pessoas em um novo ambiente tecnológico, marcado por políticas participativas que representam hoje, principalmente com as influências do chamado modelo japonês, uma "modernização" das relações de trabalho. Esta integração é condição necessária ao aprofundamento da automação microeletrônica num mercado altamente competitivo como o setor financeiro, com a entrada de grandes grupos econômicos internacionais na área bancária brasileira e a aquisição de novos bancos por grupos nacionais.

As exigências desse novo perfil, que não se restringem apenas aos gerentes, mas se estendem também aos profissionais de recursos humanos, são: visão generalista, flexibilidade, dinamismo. Estas exigências evidenciam-se no depoimento abaixo, em que um gerente relata o processo de "entrada no banco".

"Primeiro a gente só demitia quem roubava ou quem fazia uma besteira muito grande, quem cometia um erro que dava muito prejuízo ou então fraudava a empresa. A gente tá numa fase agora que passa a demitir quem é incompetente, que não sabe fazer seu trabalho muito bem. Amanhã a gente pretende demitir quem é competente mas que não produz resultados.
Agora, o que isso muda em perfil de funcionário? É uma mudança muito sutil. Dentro do banco, a gente não tem uma política de R.H. muito rígida, muito formal como é geralmente em empresa multinacional que eu conheço. Você tem uma descrição de cargos, mas não é aquela descrição restritiva, rígida, não porque a gente não quer isso, porque a empresa moderna zela pela flexibilidade.

Você, por exemplo, quando recebe um cliente dentro do ponto de venda, o máximo do atendimento é ver o cliente atendido, ver o problema dele resolvido por qualquer um que esteja na frente dele... não interessa onde eu trabalho, você tem um problema e eu sou o banco para você. Então para conseguir atingir esse nível de qualidade, de atendimento, você tem que ter pessoas que tenham plena consciência, em primeiro lugar, da importância que o cliente tem, e em segundo lugar essas pessoas têm que ter autonomia, flexibilidade.

(...) Eu tô preocupado com a pessoa que seja uma pessoa moderna, uma pessoa que tenha garra, que tenha vontade de... uma pessoa que seja competitiva, que tenha potencial pra evoluir, uma pessoa que tenha jogo de cintura, vontade de trabalhar, e que tenha uma mentalidade e uma cabeça aberta. Eu acho que quando a gente tá pensando em funcionário, a gente tá pensando nisso né, e a pessoa que tá nesse perfil tá bem, quem não tá, tá mal, dá pra entender?"

Esse conjunto de variáveis, que conforma o perfil do trabalhador na área bancária, possibilita a esses segmentos difundir, no interior da agência, os ideários da modernidade.

Ainda há várias perguntas no que refere às reflexões sobre a ação do Serviço Social neste contexto marcado pelas transformações tecnológicas e organizacionais no trabalho bancário. Por exemplo: como o profissional que lida cotidianamente com as demandas dos empregados percebe o processo de reorganização que marca o setor? Até que ponto são "percebidos", ou até mesmo "incorporados", por este profissional, os mecanismos individuais e coletivos criados para enfrentar as mudanças no trabalho bancário? Como se expressam essas resistências? Poderiam elas, de alguma forma, serem observadas a partir das demandas colocadas ao Serviço Social? Estaria essa profissão acompanhando as mudanças ocorridas no setor, incorporando novo conteúdo a sua ação e/ou tratando de problemáticas "modernas" na esfera do trabalho?

Entendemos que o Serviço Social é uma profissão que, dada a sua particularidade na divisão sócio-técnica do trabalho, possui a capacidade de construir uma visão mais ampla desse processo de trabalho, a partir de sua relação com os diferentes segmentos de trabalhadores.

O contato estreito que o Serviço Social mantém com o universo diferenciado dos trabalhadores, através de relatos de situações referentes ao processo, relações, condições e de questões relativas à inserção no trabalho e suas implicações na vida privada do trabalhador, propicia a este profissional construir, a partir dessas representações sociais, uma visão do processo produtivo que, se articulada ao cenário mais global de reestruturação produtiva, apresenta questões importantes a se estudar.

Quais as implicações dessas inovações para o Serviço Social? Como tem este profissional respondido às situações novas no processo de reorganização do trabalho? Quais vetores se afirmam no conteúdo de sua prática profissional e que orientações indicam: ruptura, continuidade nos pressupostos teóricos-históricos da profissão?

Apresentamos, nesse texto, algumas formas da ação que o Serviço Social vem encontrando para enfrentar esse cenário de profundas mudanças na área bancária. Sabemos que o processo de reestruturação ainda está ocorrendo, principalmente com a disseminação do chamado Banco do futuro. Logo, o trabalho domiciliar e individualizado e a redução, em alguns casos, até mesmo a eliminação, de áreas físicas das agências tornar-se-ão realidade.

Essa visão de banco aprofunda a associação da informática/telemática e telecomunicações, pois favorece especialmente a instantaneidade das comunicações, possibilitando a disseminação do auto-atendimento à distância. Nesse sentido, cabe destacar as afirmativas na revista *Banco Hoje* do presidente do conselho de administração do Unibanco, Roberto K. Borhnausen:

"O auto-atendimento e o atendimento remoto se constituem, na minha opinião, em uma clara tendência no sistema bancário brasileiro e mundial".

"As agências bancárias, em conseqüência, tendem ao encolhimento físico, funcionando com pequeno número de funcionários e mais como unidades de negócio."

Na década de 70, o setor bancário buscou a automatização dos sistemas de retaguarda e apenas nos primeiros anos da década de 80 expandiu-se para a automação de serviços a clientes dentro e fora das agências. No entanto, somente no início dos anos 90 as mudanças no setor bancário espelham um contexto marcado pela expansão dos bancos 24 horas, de terminais *on line*...

E é no final desta década que essas tendências adquirem ainda maior visibilidade. Como exemplo, temos o Banco 1, o chamado banco do futuro que já se encontra nos espaços da mídia de jornal e televisão.

O banco do futuro já se fez presente em propaganda veiculada no horário nobre da emissora de maior audiência do país, demonstrando, pelo silêncio e pela imagem em preto e branco, o banco do passado contrastando com o colorido das imagens ágeis e eficientes do Banco 1. Como o próprio nome indica, trata-se de um novo banco, com estrutura própria para captação, aplicação e financiamento. Não tem como referência as agências, pois as consultas e aplicações são feitas por telefone e computador, saques e depósitos são entregues a um mensageiro. Lá já não há mais caixas, você fala diretamente com os gerentes.

Essa realidade, que no início da década de 90 já era discutida entre os empresários do setor bancário, demonstra como esse setor incorpora de modo bastante veloz todo um conjunto de mudanças. Apresenta-se, portanto, como um setor de ponta na implementação da automação, se comparado com outros setores da economia nacional, tanto por representar a área que mais se modernizou tecnologicamente, quanto por ampliar e até mesmo criar demandas por equipamentos e sistemas, incentivando a expansão da indústria nacional de informática dos anos 70 e 80.

É nesse contexto de reestruturação que alguns profissionais da área de Serviço Social se indagam se não há uma certa "novidade" nas demandas apresentadas, principalmente a partir de meados da década de 90. No meu entender, cabe avaliar se essa aparente novidade não seria uma "reatualização" das demandas, a partir de estratégias diferenciadas de gestão do capital na implementação da adesão e consentimento dos trabalhadores, buscando uma melhor adequação às inovações tecnológicas e às de gerenciamento da força de trabalho. É nesse sentido que assume importância a discussão do trabalho de consultoria e assessoria aos gerentes. Esta, no entanto, já é outra questão que tratarei oportunamente.

Referências bibliográficas

DIEESE. *Profissão: bancário. Perfil da categoria.* São Paulo, 1993.

DOURADO, Elziane Olina. *As inovações tecnológicas e suas implicações no perfil do trabalhador bancário: o caso dos gerentes.* Dissertação de mestrado. ESS/UFRJ, 1995.

FLORA, Horácio Vasquez. El sistema bancario y la introducción de nueva tecnología. México, Depto. de Sociología, UAm-I, 1990. Mimeografado.

GRUN, R. Taylorismo e fordismo no trabalho bancário: agentes e cenários. In: *Revista Brasileira de Ciências Sociais*, v. 1 n. 2, out. 1986.

IANNI, Octávio. *A era do globalismo.* Rio de Janeiro, Civilização Brasileira, Rio de Janeiro, 1996.

MARQUES, Newton F. S. *A concentração bancária brasileira no período pós-1964.* Dissertação de mestrado. Faculdade de Economia da Universidade Federal de Pernambuco, 1992.

REVISTA. *Banco Hoje.* Banco do futuro, set., 1992.

_____. *O novo perfil do bancário,* agosto, 1993.

SALERMO, M. S. Z. Racionalização e automatização: a organização do trabalho nos bancos. In: FLEURY, A. C. C. V. (org.) *Organização do trabalho — uma abordagem interdisciplinar.* São Paulo, Atlas, 1980.

SIGNINI, Liliana R. P. *A liturgia do poder, trabalho e disciplina.* São Paulo, PUC-Educação, 1988.

_____. Inovação tecnológica, escolaridade e qualificação profissional no setor bancário — aspectos referentes a GT (função caixa). *Educação e Sociedade.* ANPOCS, 1992.

SILVA, R. A. et alli. *Modernização tecnológica, relações de trabalho e práticas de resistência.* São Paulo, Iglu, 1991.

7

O SERVIÇO SOCIAL E A SAÚDE DO TRABALHADOR DIANTE DA REESTRUTURAÇÃO PRODUTIVA NAS EMPRESAS

*Lúcia Maria de Barros Freire**

Este ensaio sintetiza algumas partes da minha tese de doutorado (Freire, 1998), tendo por base uma pesquisa realizada em três empresas estratégicas de grande porte, de âmbito nacional e penetração no mercado global, com sede no Rio de Janeiro, e em 47 instituições especializadas neste Estado[1]. Ele articula três temas — *Serviço Social, saúde do trabalhador* e *reestruturação produtiva* — que são analisados na perspectiva crítico-dialética,

---

* Professora da Universidade do Estado do Rio de Janeiro (UERJ), doutora em Serviço Social e integrante do Programa de Estudos do Trabalho e Reprodução Social (PETRES), da Faculdade de Serviço Social da UERJ.

1. As empresas são particularizadas segundo a natureza jurídica-estatal, estatal privatizada em 1993 (com processo iniciado em 1990, junto com a reestruturação) e privada multinacional — em razão do interesse em investigar as culturas específicas construídas, em função das relações sociais diferenciadas segundo este fator.

167

como *"totalidade em movimento"*. Isto significa a compreensão dessas empresas como realidades complexas, constituídas de múltiplas particularidades e singularidades, contradições e mediações, inseridas e em articulação com a instituição empresarial, a sociedade nacional e global e o Estado Nacional. Estes, por sua vez, constituem outras totalidades complexas, com múltiplas determinações, nas dimensões econômica, política e cultural, em movimento. Tal movimento expressa um processo social histórico, em permanente construção e, portanto, em mudança, percorrendo atualmente o estágio de aprofundamento e expansão capitalista denominado *acumulação flexível*. Em face das análises sobre a reestruturação produtiva em outros ensaios desta coletânea, aqui ela será apenas referida.

A saúde do trabalhador e o Serviço Social possuem alguns traços comuns. Entre eles, destacam-se o da sua amplitude e penetração em todas as esferas das necessidades humanas: material, bio-psíquica, psicossocial, sócio-política, educacional, cultural; por esta razão as suas políticas e estratégias passam a constituir, cada vez mais, objetos transdisciplinares. Eles desenvolvem, ao mesmo tempo, uma notável renovação a partir dos anos 60, consolidada e indiscutível nos anos 80, na América Latina (relativamente ao plano teórico, no caso do Serviço Social). Nesse período, essas áreas iniciaram uma interlocução com as Ciências Sociais, adotando uma perspectiva crítica, sob a influência do materialismo histórico, inserindo a análise de seus objetos na totalidade econômica, política e social. Ao mesmo tempo, sobretudo nos anos 90, ambos também sofrem, no Brasil, os impactos negativos do processo de *reestruturação produtiva*, que trouxe grandes perdas para o trabalhador, atingindo conseqüentemente a sua saúde, como também as condições para o exercício do Serviço Social.

1. A saúde do trabalhador como expressão concreta das relações sociais

Na sua forma imediata, a saúde do trabalhador manifesta-se no seu estado biopsíquico, que se relaciona com as condições materiais e sócio-políticas presentes no processo e condições de trabalho e de vida do trabalhador. Estes, por sua vez, são determinados principalmente pelas relações sociais de produção, no âmbito da sociedade nacional e global e do Estado Nacional.

Tal visão, hoje firmada nos meios acadêmicos avançados, é originária do *Movimento Brasileiro da Reforma Sanitária*, inserido no latino-americano, que integrou os intelectuais críticos da saúde aos movimentos sociais dos anos 70 e 80 e produziu a concepção de *Saúde Coletiva*, em contraposição à de *Saúde Pública* (expressão das tradicionais políticas do Estado), conforme Breilh (1991)[2].

O conceito de *saúde do trabalhador* supera as visões e práticas anteriores dos modelos *Medicina do Trabalho* e *Saúde Ocupacional*. O primeiro é originário dos paradigmas produtivistas e mercantilistas que impregnaram o Ministério do Trabalho nos anos 30, sendo limitado ao controle e prevenção restrita da doença, esta separada das relações sociais e processos que a produzem. O segundo é baseado na concepção elaborada pelo Comitê Misto da *Organização Internacional do Trabalho-Organização Mundial de Saúde* (OIT-OMS), em Genebra, em 1950. Daí surgiu o conceito modernizado de *Saúde Ocupacional*, disseminado pela maioria dos médicos especializados em Medicina do Trabalho como *"o completo estado de bem-estar físico, psíquico e social"*. Embora este conceito represente um avanço quanto à centralidade e multidimensionalidade da saúde, a ser valorizada no trabalho, concebe-a de modo abstrato, idealizado (característico da denominada *"visão holística"*, mais que usada no discurso modernizador), isolado do real processo saúde-doença e também da organização do trabalho, no que se refere às relações sociais de produção, sem perspectiva crítica das contradições que compõem essa totalidade.

O questionamento dos dois modelos surge juntamente com o de toda a organização do trabalho capitalista, ampliando-se,

---

2. No Brasil, esse processo caminha paralelamente à crise política da autocracia burguesa sob tutela militar, que, contraditoriamente, aprofundou o movimento de resistência democrática, propiciou a rearticulação da sociedade civil e o crescimento do novo sindicalismo. Tal crise é analisada por Netto (1991: 34-44), que ressalta o *"rápido processo de erosão [da estreita base de sustentação da ditadura], em face do acúmulo de forças da resistência democrática e da ampla vitalização do movimento popular [devida, decisivamente, ao reingresso aberto da classe operária urbana na cena política], (...) [o que não significa entretanto] a desarticulação do Estado por ele criado [nem a perda da hegemonia] das mãos de correntes burguesas"*.

então, os estudos que correspondem à expressão *saúde do trabalhador*, como campo multidisciplinar de ação ampla. Eles analisam *"o processo de trabalho como o espaço concreto de exploração (...) [e] a saúde do operário como expressão, igualmente concreta, desta exploração"* (Laurell e Noriega, 1989: 23).

A pesquisa sobre *saúde do trabalhador* na América Latina tem como um dos núcleos pioneiros o do mestrado em Medicina Social da UAM-X (Universidade Autônoma do México-Xoximilco), que centra seus estudos no objeto *desgaste no trabalho-reprodução*, tendo *"como expressão particular momentos identificáveis como doença"* (Idem: 3). O núcleo, do qual fazem parte esses autores, focaliza diversos aspectos da organização e divisão do trabalho, envolvendo problemáticas intervenientes na saúde do trabalhador, tais como produtividade, impacto de mudanças tecnológicas, reconversão industrial, e o problema do *"não-trabalho coercitivo"* (desemprego), que origina o agravamento das condições de saúde da população trabalhadora. Desse modo, o processo saúde-doença-trabalho se insere nos diversos aspectos da organização, divisão, processo e relações sociais no trabalho. Ele é concebido

(...) como um modo específico de trabalhar-desgastar-se de exploração e de resistência, que, por sua vez, determinam padrões específicos de reprodução. A combinação especial entre os processos de desgaste e de reprodução origina o nexo biopsíquico humano, historicamente específico. Nesta concepção, não há uma separação entre o social e o biopsíquico, que logo se unem por um vínculo de mediação externo, pois o processo de trabalho é ao mesmo tempo social e biopsíquico (Laurell e Noriega, 1989: 36).

O *desgaste*, elemento central nesse conceito, é entendido como *"perda da capacidade potencial e/ou efetiva corporal e psíquica. Ou seja, não se refere a algum processo particular isolado, mas sim ao conjunto dos processos biopsíquicos"* (Idem: 115). Ele se origina da interação das *cargas negativas do trabalho* — tais como posição incômoda, alternância de turnos, ruído, tensão nervosa por pressões e alto ritmo — que se potencializam entre si, na concretude de cada processo singular, expressando o nexo entre o social e a saúde, na perspectiva de ruptura com o caráter predominantemente a-histórico da biologia humana e com o pensamento positivista dos processos psíquicos. Diante da polêmica em torno da expressão *carga de trabalho,* Jussara Brito (1991) ressalta que ela *"não deve ter a conotação necessariamente de peso e dificuldade mas como demandas do processo de trabalho"* (Brito, 1991: 39), sendo articuladas as noções de carga, desgaste e risco.

A carga, segundo Laurell e Noriega, inclui vários tipos. De um lado, as do tipo físico, químico, biológico e mecânico e, de outro, fisiológico e psíquico. Por considerar essa tipologia de cargas incompleta, introduzo mais um tipo — que denomino *carga social, na sua dimensão particular do espaço de trabalho* (vinculada à totalidade das relações sociais). Nessa dimensão, ela é gerada e alimentada através das expressões das relações sociais da sociedade capitalista, manifestadas na organização e processo de trabalho, aí reproduzindo, de um modo concentrado e mais evidente, a desigualdade, o autoritarismo, a privação do poder de mudar as condições de agressão física e psíquica à saúde e a coerção sob todas as formas, decorrentes da posição sócio-política do trabalhador na divisão do trabalho na empresa, o que é evidenciado na mencionada pesquisa.

Laurell e Noriega apontam ainda a correlação entre os vários tipos de carga, que se potencializam *"como produto de uma combinação (...) determinada pela lógica global do processo de trabalho"* (Laurell e Noriega, 1989: 114). Eles a exemplificam imaginando um operário diante de uma máquina que gera ruído, que se traduz em *"tensão nervosa que se combina com as cargas psíquicas, especificamente a sobrecarga quantitativa e a subcarga qualitativa [quando não se pode tomar nenhuma iniciativa para mudar a situação] provocando um aborrecimento irritante e fatigante"* (Idem: 115). Considero que essa falta de poder para mudar a situação caracteriza uma das expressões da *carga social,* existente em função das formas já indicadas. Os autores consideram esse processo não-ativo como *"a impossibilidade de desenvolver uma potencialidade psíquica ou biológica"* (ibidem). Mais uma vez, ressalto a necessidade de ser incluído o social nesse raciocínio, inserido no que denomino *potencialidade social,* cuja impossibilidade de efetivar-se resulta *não somente no desgaste bio-psíquico, mas no social ou atrofia desse potencial,* aproximando-se da construção do processo de alienação social no espaço de trabalho.

Esse tipo de desgaste é caracterizado principalmente pela atrofia da capacidade de reagir e buscar a mudança das condições de agressão, pelo trabalhador, fragilizando-o individual e coletivamente e, ao mesmo tempo, alimentando o fatalismo, a descrença e a desmotivação para o trabalho e para o autocrescimento.

A dimensão política da questão da saúde nas relações existentes no processo de trabalho, estudado por grupos da América Central, e citado por Laurell e Noriega, é destacada por esses autores, por provocar *"uma situação que permite a rápida socialização da experiência do operário"* (Idem: 43), o que expressa a sua *característica de espaço de constituição de sujeitos políticos*. Essa perspectiva é corroborada pelo crescente interesse e engajamento sindical nos estudos sobre saúde do trabalhador no Brasil, relacionando-os com reivindicações neste terreno. Essa visibilidade pelos trabalhadores é importante, não somente quanto à prática, mas na identificação da

> "saúde como um problema e um que fazer coletivo (...) [que] permite entrever que a força operária capaz de modificar as condições desgastantes é, antes de tudo, aquela que está organizada e materializada no trabalho diário na fábrica; a que mantém relação com o controle do processo de trabalho". (Laurell e Noriega, 1989: 53).

A socialização em torno de um objeto vital de interesse comum é fundamental na luta cotidiana pela conquista de espaços e posições. A sua maior consistência implica na consciência dos interesses e projetos distintos de classe, a partir da análise das necessidades imediatas, mas as ultrapassando-as — através do processo de mediatização — assim como ao corporativismo, de modo a envolver toda a sociedade. Isto é sobremodo importante em períodos de crise como o atual, pois, conforme Mota, segundo a base gramsciana, *"em períodos de crise, é a capacidade das classes fazerem política, isto é, de construírem formas de articulação e objetos de consenso de classe, que define as tendências do processo social"* (Mota, 1995: 40).

Nesse sentido, os sindicalistas entrevistados, na grande maioria filiados à Central Única de Trabalhadores (CUT), demonstram essa visibilidade e o grau de desenvolvimento crítico e intelectual dessa corrente do movimento sindical, assim como seus estudos sobre a questão, sendo exemplar a publicação do Departamento Intersindical de Estudos e Pesquisas de Saúde e dos Ambientes de Trabalho (DIESAT) sobre insalubridade (1989). No Brasil, a institucionalização do movimento de saúde do trabalhador iniciou-se em São Paulo, exatamente a partir do DIESAT, criado em 1980, com destacada participação da CUT e do médico Herval Pina Ribeiro. No Rio de Janeiro, o Centro de Estudos de Saúde do Trabalhador e Ecologia Humana da Escola Nacional de Saúde Pública da Fundação Oswaldo Cruz (CESTEH/ENSP/FIOCRUZ) fundado em 1986, é o órgão responsável pelo desenvolvimento da nova concepção, teórica e operacionalmente.[3]

Ao Poder Executivo do Rio de Janeiro estão vinculados, neste campo específico, o Programa de Saúde do Trabalhador da Secretaria de Estado de Saúde (PST/SES-RJ) e os programas municipais similares. O primeiro deles se tornou o braço principal de ação da proposta do CESTEH, em total interação com este, onde se especializou a maioria dos seus profissionais e colaboradores, muitos em nível de mestrado e doutorado.[4] O PST/SES-RJ constitui outro espaço central de trabalho democrático em saúde do trabalhador no Estado e de formação de novos sujeitos políticos coletivos voltados para esta questão, inclusive profissionais de

---

3. O CESTEH é gestado, como o DIESAT, no bojo da Reforma Sanitária; influenciado pela medicina social latino-americana e pela experiência sindical italiana, ele coincide com a própria história e construção da concepção de *saúde do trabalhador* no nosso País e até mesmo desta expressão, de acordo com a entrevista de uma das principais responsáveis por sua fundação, Anamaria Tambellini, médica e pesquisadora.

4. Este Programa, criado em 1988, é responsável, no Estado, pelas *ações de saúde do trabalhador*, prescritas na *Lei Orgânica da Saúde*-LOS (n° 8080, de 19/09/1990), que institui o *Sistema Único de Saúde*-SUS, nos termos do seu art. 6°, c. Entre as ações mais importantes, estão as "*de vigilância epidemiológica e vigilância sanitária dos locais de trabalho*", explicitadas no parágrafo 3° desse artigo. Os itens referentes a esses dois tipos de vigilância são da maior importância, respaldando a intervenção nas empresas.

Apesar da clareza e detalhamento dessa competência, os órgãos defensores dos interesses dos empresários buscam obstacularizar o trabalho, inclusive com processo na justiça (resolvido em favor do SUS), valendo-se da concomitância de atribuições legais similares do Ministério do Trabalho, sob orientação distinta. A sua superação tem sido construída através de um trabalho interinstitucional, desde o nível ministerial até os fóruns com participação sindical, nos níveis estadual e municipal.

saúde em geral (no sentido transdisciplinar).[5] Essa característica é visível sobretudo no controle social exercido pelos trabalhadores, através do Conselho Estadual de Saúde do Trabalhador do Rio de Janeiro (CONSEST-RJ), *"único colegiado interinstitucional e intersindical existente no Brasil, para traçar diretrizes, acompanhar a execução e avaliar as ações de saúde do trabalhador, no SUS"*, segundo o depoimento do coordenador do PST/SES-RJ, Fadel de Vasconcellos. Ele congrega os representantes dos sindicatos mais esclarecidos e combativos do Estado — incluindo também o Coletivo de Saúde da CUT e, mais recentemente, representantes da Força Sindical — juntamente com as instituições mais importantes relacionadas à saúde do trabalhador no Estado. O exercício das suas ações de vigilância também é diferenciado da fiscalização tradicional do Ministério do Trabalho, em um trabalho aproximado ao da investigação-ação, com participação dos trabalhadores, objetivando a mudança dos processos de trabalho que agridem a saúde. A mudança é programada coletivamente e firmada em termo de compromisso com a empresa, compreendendo também formas de acompanhamento dos resultados.[6]

A pesquisa realizada permite identificar os impactos decorrentes da reestruturação produtiva a partir de 1990. Eles englobam tanto os decorrentes das novas tecnologias de trabalho como o agravamento daqueles já existentes, destacando-se como principais problemas:

• As doenças profissionais e agravos diretamente relacionados com as novas tecnologias, processo e organização do trabalho. Entre estes, ressaltam os de caráter classificado como *epidêmico*,

---

5. A partir da Resolução nº 44, de 03/03/1993, do Conselho Nacional de Saúde (CNS), o termo "paramédico" foi substituído por "profissional de saúde", para todos os integrantes das equipes de saúde, inclusive o assistente social e o próprio médico, em função da integralidade das ações, sem dominância de uma determinada profissão sobre as outras.

6. Com o avanço da reestruturação neoliberal nas empresas, resultando em fragilização do movimento sindical, tem sido reduzido o espaço de negociação. Esse fato tem levado esse movimento a utilizar, cada vez mais, o Ministério Público do Trabalho, mediante denúncia. Estas têm resultado em processos analisados por um conjunto de instituições que também integram o CONSEST (DRT-RJ, FUNDACENTRO, CESTEH/FIOCRUZ, PST/SES-RJ, SEAS), que assessoram esse Ministério e realizam ações conjuntas de vigilância, mediante convênio.

dos quais são exemplo as LERs (Lesões por Esforços Repetitivos) e as doenças psíquicas, estas não reconhecidas como profissionais e com muito ainda a explorar, devido ao leque de sintomas derivados da organização do trabalho nos setores mais diversos. As primeiras aparecem de modo alarmante no Brasil, em cerca de 30% dos digitadores, segundo os dados de 1989 do DIESAT, além de doenças visuais nesses trabalhadores, demonstrando que a automação, sobretudo em países de capitalismo periférico como o nosso, tem sido implantada desconsiderando o trabalhador e sua integridade. As segundas são verificadas nos índices de internações em clínicas psiquiátricas, como no caso da cidade onde está situada a ex-estatal privatizada, onde 90% destas internações são de seus trabalhadores. O *stress* relacionado às condições de trabalho, com as doenças por ele provocadas, também é colocado entre os principais problemas de saúde do Rio de Janeiro por um médico do SESI, instituição que atende às pequenas e médias empresas; entre os seus efeitos, situa-se a hipertensão arterial, ampliada a cada ano e atualmente detectada em 40% dos trabalhadores.

• As doenças preexistentes à reestruturação têm se ampliado, sobretudo as graves e degenerativas, que exigem maiores investimentos e mudança no processo de trabalho.[7] Embora em relação a todas elas tenham sido realizadas as estratégias de vigilância sanitária do PST/SES-RJ, incluindo até mudança de legislação, assim como acordos tripartites, a solução ainda está longe de ser satisfatória, sobretudo no caso da leucopenia. Na ex-estatal privatizada, seu encaminhamento foi inviabilizado quando em vias da assinatura de um acordo, em função da cooptação da nova diretoria do sindicato local da categoria majoritária, que se filiou

---

7. Entre estas se destacam: a *silicose*, afetando irremediavelmente os pulmões pela aspiração de pó, presentes na indústria naval e siderurgia (através do processo de jateamento de areia); o *benzenismo*, afetando todos os sistemas (nervoso central, hematopoiético, imunológico, genético e outros, conforme a legislação vigente), decorrente da contaminação por benzeno na indústria siderúrgica (presente em grande escala na estatal privatizada pesquisada, sobretudo na forma de *leucopenia*); *as intoxicações por metais pesados como mercúrio e chumbo*. Algumas só recentemente, na década de 80, foram diagnosticadas como *"profissionais típicas ou ocupacionais"* (equivalentes ao acidente de trabalho, para efeito previdenciário), graças à luta do movimento sindical, apoiada pelos intelectuais a seu serviço.

à Força Sindical e aderiu à política mistificada da *parceria*. A surdez também é um problema de grande extensão, reforçando as evidências da falta de investimento em prol do ser humano, a despeito dos avanços tecnológicos.

• Os índices de acidentes de trabalho continuam alarmantes e sub-registrados, confirmando os estudos específicos sobre esta questão.[8] Incluem-se, entre os problemas, os acidentes de trânsito, que expressam uma das origens de desgaste do trabalhador, antes e depois da jornada de trabalho, assim como a violência urbana, sendo ainda eles utilizados no obscurecimento da relação direta entre acidente e trabalho.[9]

Esses impactos são relacionados a três grandes fontes estruturais (logicamente articuladas entre si), segundo um dos pesquisadores do CESTEH, no que se refere ao processo peculiar de reestruturação produtiva no Brasil e sua relação com a saúde do trabalhador.

A primeira refere-se às características políticas e organizacionais do processo de trabalho e das áreas de Medicina e Segurança nas empresas (que tendem a agravar-se com a terceirização em massa). Ela evidencia a conservação dos traços do regime despótico, através da persistência de

"relações de trabalho muito autoritárias, condições de trabalho precárias, formas de exploração e degradação da força de trabalho muito intensas, que se refletem diretamente na saúde do trabalhador, nos critérios de admissão e demissão [sendo expulsos os trabalhadores com doenças graves, antes da sua comprovação] e na

---

8. Entre esses estudos, o do DIESAT (*op.cit.*) é pioneiro; segundo ele, no Brasil, o sub-registro é desmentido em pesquisas, através de uma clara relação entre a incidência de doenças e o processo de trabalho, tais como freqüência de mortes na idade do trabalho, inclusive por doenças cárdio-circulatórias, duas, três, quatro e até cinco vezes maior do que respectivamente na Argentina, Espanha, Estados Unidos, França, Inglaterra, onde há forte tradição de resistência do movimento operário.

9. A utilização dos acidentes de trânsito como obscurecimento dos acidentes no trabalho chega ao extremo do pronunciamento público de um médico de que o trabalhador brasileiro não morre mais de acidente de trabalho, porém de trânsito (tomando por base o pessoal de escritório de uma empresa de ponta); no entanto, a pesquisa revelou taxas de mortes por acidente no trabalho muito elevadas, numa das unidades operacionais dessa mesma empresa.

forma como os serviços de saúde estão institucionalizados dentro da (...) empresa (...)".

O segundo problema revela o atraso nas tecnologias de produção e seu processo de modernização. Ele está associado à dificuldade de inserção do Brasil na divisão internacional do trabalho e evidencia que

"raramente a discussão da modernização tecnológica se dá por critérios de saúde; eventualmente, os critérios ambientais, ecológicos (...), vêm paulatinamente sendo incorporados, em função do paradigma ambiental mais geral e da internacionalização da economia e da própria ISO 14.000, que é a ISO relacionada ao controle ambiental (...)".[10]

O terceiro problema relaciona-se com as novas técnicas de gerenciamento. Devido à relação capital-trabalho ser muito desfavorável aos trabalhadores,

(...) você tem um processo brutal,(...) num programa de modernização em que a redução de custos se dá afetando muitas vezes e de forma violenta a saúde do trabalhador.(...) [Tal é o caso da terceirização, que] alguns autores denominam (...) no Brasil (...) [de] terceirização periférica, em que a forma de degradação da força de trabalho (...) se dá de maneira muito mais radical, mais acentuada, violenta e rápida do que nos países de economia central (...) onde o trabalho legalmente, socialmente, é muito mais protegido. Então você tem (...) dentro da indústria siderúrgica (...) o caso da leucopenia (...) [sendo] que, antes, os trabalhadores leucopênicos que adoeciam por contaminação de benzeno eram os

---

10. As ISO correspondem a normas com emissão de certificados da *International Organization for Standartization*, destinadas ao desenvolvimento de padrões dos produtos no mercado globalizado, resultando também das pressões societárias. Esses certificados, obtidos mediante auditoria, são essenciais para as empresas competirem nesse mercado. Existem várias séries de ISOs, sendo porém as mais destacadas as da série 9.000, que tratam da qualidade relativa a produtos específicos e seu processo de produção, e a ISO 14.000, que inclui normas na estrutura da produção relativas ao impacto ambiental. A ISO 18.000, relacionada à saúde dos trabalhadores no processo produtivo não conseguiu ser aprovada na última reunião internacional, tendo sido vetada pelos países periféricos, entre eles o Brasil. O problema encontra-se, pois, a reboque da questão do meio ambiente em geral. Trata-se, porém, de uma questão de tempo, uma vez que a Inglaterra — cujas normas têm precedido as ISO, por uma questão de *marketing* — já instituiu a referente à saúde do trabalhador.

trabalhadores diretos da própria empresa. Com a terceirização (...), você (...) externaliza os riscos e os agravos à saúde dos trabalhadores, transferindo responsabilidades sobre uma força de trabalho muito mais vulnerável, sem controle social e muito mais descartável.

Ainda representa grande ameaça a tendência de terceirização dos Serviços de Engenharia de Segurança e Medicina do Trabalho (SESMT) de empresas de porte, apesar de ilegal (atualmente), o que significa menor autonomia, em face da sujeição em bloco, de todo o serviço, a um contrato que poderá ser desfeito ou não renovado.[11] Essas tendências representam a maior ameaça e desafio, para os trabalhadores, o movimento sindical, as instituições especializadas e os profissionais da saúde, conforme um dos entrevistados do CESTEH:

> "Então eu diria que um desafio atual para a saúde do trabalhador e para os trabalhadores como um todo é impedir que a (...) [questão] se transforme numa saúde dos trabalhadores formais do mercado de trabalho e incorporar esse conjunto mais amplo de trabalhadores, que são os menos protegidos pelas empresas terceirizadas, trabalhando para as grandes empresas, e os trabalhadores desprotegidos das pequenas e médias empresas".

Apesar das dificuldades, outras perspectivas se colocam no atual momento, através do outro sujeito dominante atualmente e em direção inversa ao estágio anterior, que é a pressão do *cidadão-consumidor*, coletivamente organizado, como confirmado na pesquisa.[12] Os sindicalistas mais lúcidos e capacitados politicamente já iniciam a articulação com os movimentos em defesa do ambiente em geral, incorporando na ecologia humana o trabalho. Conforme um sindicalista,

---

11. Recentemente, tive oportunidade de conhecer dois técnicos, proprietários de um serviço dessa natureza, prestado inclusive aos trabalhadores terceirizados de uma das maiores empresas do Brasil, configurando uma quarteirização. Pude constatar, então, a baixa capacitação de ambos, sobretudo teórica e sócio-política, encarando a tarefa de forma burocratizada e como mercadoria. Também os serviços do SESI para as empresas, relativamente melhor posicionados, transferem totalmente ao empresário a responsabilidade de mudanças efetivas de condições de trabalho agressivas à saúde — inclusive as insalubres e perigosas — sem articular-se com os órgãos públicos.

12. Mota (1995) elucida a atual fragmentação da cidadania, deslocada para o *"cidadão consumidor"*, em detrimento do *"cidadão trabalhador"*.

"... o próprio capitalismo, mais uma vez, vai se encarregar de dar as armas, para nós conseguirmos fazer uma mobilização e enfrentamento com relação (...) [à saúde], com relação às novas ISO (...), a norma de qualidade e a norma de meio ambiente. Porque a atuação mercadológica vai ser o diferencial das empresas. (...) [e] nenhuma empresa, hoje, quer ser vista nos jornais com notícias ruins sobre a sua atuação no mercado a nível de imagem".

2. A saúde do trabalhador como demanda privilegiada nas empresas e o Serviço Social

Nas empresas, a despeito desse quadro, não houve avanço das instituições públicas mencionadas. Na realidade pesquisada, nelas é mantida a concepção de Saúde Ocupacional por todos os profissionais de saúde, independentemente da qualificação e consciência política — inclusive os assistentes sociais — existindo um desconhecimento quase total do conceito de *saúde do trabalhador*, assim como dos centros de pesquisa que o aprofundam e da ação dos órgãos públicos. Também a maioria se limita à aplicação tecnocrática das Normas Regulamentadoras — NRs, da Lei nº 6.514, de 22/12/77, referente ao Capítulo V do Título II da Consolidação das Leis do Trabalho (CLT), relativo à Segurança e Medicina do Trabalho, regulamentadas pela Portaria 3.214, de 08/06/1978.[13]

Independentemente das limitações, a saúde dos trabalhadores tem sido um dos principais objetos de demanda ao Serviço Social nas empresas no Brasil, desde os seus primórdios, entre as décadas de 40 e 50. Isto se dá tendo em vista a prioridade da saúde

---

13. Tanto a época da elaboração dessa legislação, em plena vigência do regime autocrático, feita sob pressão da OIT, como o seu conteúdo, a partir dos próprios títulos, denotam o seu perfil superado. Entretanto, existem outras leis, incluindo as decorrentes das Convenções da OIT sobre a matéria e as relativas ao Sistema Único de Saúde (SUS), conseqüentes aos avanços da Constituição de 1988, que compreende a Norma Operacional de Saúde do Trabalhador no SUS — NOST/SUS, equivalente às NRs. O conjunto expressa um sincretismo de leis divergentes, resultante do jogo das forças sociais conflitantes, desde 1919. Assim, de um lado, prevalece a perspectiva do modelo médico na legislação originária do Ministério do Trabalho, a partir de 1932, e, de outro, as já citadas, tendo ainda o movimento sindical — notadamente a Central Única dos Trabalhadores (CUT) — e os intelectuais de vanguarda logrado aperfeiçoar algumas NRs.

como necessidade social, que corresponde tanto a demandas empresariais como sindicais e de trabalhadores singulares, embora sob ângulos diferenciados, relacionados aos interesses divergentes das classes fundamentais. Para o empresário, a saúde significa a manutenção do potencial produtivo da força de trabalho e para o trabalhador os seus processos vitais, ao mesmo tempo condição de sua existência como trabalhador, com direito a manter íntegro o que coloca a serviço da produção: o seu próprio ser total — físico, psíquico e social.

Em face dessa importância, *a saúde do trabalhador constitui uma expressão concreta, privilegiada, da realidade sócio-econômica e política das relações de trabalho. Suas evidências indiscutíveis facilitam o desvendamento das contradições ocultas por trás do discurso dominante, primordialmente mistificador, possibilitando a constituição de sujeitos políticos em torno da luta pelo direito à saúde e condições de trabalho que não a agridam.* Esse caráter político apresenta-se como crucial para o trabalhador e, sob outro ângulo, para o próprio País, neste momento de transição, com significativo potencial de conflito, conforme ocorre atualmente com todas as políticas sociais e sua falta de priorização pelo atual Governo, com ressonâncias na legitimidade por ele buscada.

Não é menor, contudo, o seu significado econômico, rebatendo na produtividade empresarial, nesta incluída a questão da qualidade e competitividade (assim como no problema dos custos sociais para o Estado, devido à multidão de trabalhadores doentes e lesionados). Nesse sentido, sobressai uma feição particular importante referente aos objetos da área de Recursos Humanos no campo do trabalho, onde estão incluídos os segmentos Saúde e Serviço Social: esses objetos se referem tanto às demandas relativas ao processo produtivo — qualificação, políticas, estratégias e instrumentos gerenciais de controle (representando a coerção) e de motivação (representando o consenso) — como às condições, ambiente e relações de trabalho, implicadas na motivação e, ainda, às da produção e reprodução física e social da força de trabalho. Estes processos de produção e reprodução têm apresentado grande relevância, sobretudo a reprodução física, no caso brasileiro, em face da natureza do seu Estado de Bem-Estar Periférico.[14]

Em meio a essas forças contraditórias e em função da amplitude dos interesses envolvidos, assim como das facilidades proporcionadas pelo Estado, o investimento em espaços e processos referentes à reprodução material e social da força de trabalho nas empresas, ampliou-se significativamente repercutindo no mercado de trabalho do Serviço Social, que atingiu sua maior expansão em 1989-1990, nas grandes empresas pesquisadas.

Com a reestruturação produtiva, associada à política neoliberal do Estado, há um retrocesso, com tendência à desregulamentação dos direitos sociais públicos e universais e sua substituição pelos estabelecidos nos Contratos Coletivos de Trabalho, de forma cada vez mais restrita, conforme a pesquisa, sendo eles terporários e alcançando apenas os segmentos mais fortalecidos. Esse processo é apropriado e despolitizado pelas empresas, conforme Isabel Cardoso (1996) e administrado segundo critérios impessoais de remuneração ou meritocracia relativa à produtividade, o que representa a supressão dos critérios sociais e recessão para o mercado de trabalho do assistente social nas empresas.

Contudo, a despeito dos maiores limites, as políticas e programas de saúde da força de trabalho mantêm seu espaço, assim como a participação do assistente social neles (em determinadas condições), ainda que inserido na área de Saúde, em função das fusões conseqüentes à reestruturação nas grandes empresas (ou em serviços terceirizados, de modo mais limitado).

É possível estabelecer a trajetória desses programas e seus condicionamentos nas empresas, a partir dos dados obtidos na investigação, inclusive após uma reestruturação exemplar verificada em uma unidade operacional da empresa estatal pesquisada, conjugados aos da minha própria inserção como profissional nesse campo, nos anos 70 e 80. Apresento a sua síntese, considerando ainda os dados de um levantamento realizado sob os auspícios

---

14. Utilizo essa expressão em decorrência do que vem sendo caracterizado como *"fordismo periférico"* (cf. Borges e Druck, 1993: 27-30), nos países periféricos (ou semiperiféricos) como o Brasil, em face de não terem eles atingido plenamente o desenvolvimento fordista, caracterizado pela produção, emprego e consumo de massa, associando o grande capital a um trabalho corporativo fortalecido e ao Estado de Bem-Estar pleno, responsável pela reprodução da força de trabalho.

do Conselho Regional de Serviço Social — 7ª Região (CRESS-7ª R.), em 1992. Os programas são distribuídos nos seguintes grupos.

I — Educação e desenvolvimento de recursos humanos em saúde

Introduzidos nas décadas de 70 e 80, esses programas estão articulados com a área de Desenvolvimento de Recursos Humanos e de Comunicação Social. Eles se inserem nos treinamentos, desde os introdutórios de ambientação (ou "integração") à empresa (hoje escassos em função da redução de admissões novas) até os específicos, relativos a eventos como Semanas de Prevenção e aos problemas de caráter endêmico existentes, dentro e fora do local de trabalho; estes se relacionam aos riscos e medidas preventivas, quer em relação aos processos de trabalho, quer aos existentes na sociedade em geral, tais como fumo, álcool, dependência química, trânsito, estresse, *AIDs*, acidentes, na maioria intensificados em função das tensões presentes no trabalho. Este grupo de programas também permite o planejamento em equipes multidisciplinares, com definição de políticas, projetos e papéis profissionais.

II — Higiene industrial

Esses programas se desenvolveram na segunda metade dos anos 70, em função da legislação de Segurança e Medicina do Trabalho. Eles se referem aos levantamentos, exames, análises e procedimentos objetivos, preventivos e corretivos. Relacionam-se à saúde de cada trabalhador e, em geral, às condições do ambiente e do processo de trabalho e seu controle, vigilância e estudo epidemiológico (incluindo os relativos a absenteísmo). Estão articulados às atividades dos médicos, enfermeiros, engenheiros de segurança e respectivos técnicos especializados e à Comissão Interna de Prevenção de Acidentes (CIPA), inserida no grupo V, adiante.[15]

---

15. Esse conjunto é o que dispõe de maior regulamentação legal, compreendendo, entre os conteúdos mais divulgados e gerais: a NR-4, sobre as atribuições do Serviços

III — Análise e acompanhamento médico-social individual e grupal

Compreende os atendimentos relativos a casos e situações de determinados indivíduos e grupos fragilizados em função de problemáticas específicas, muitas vezes extensivos às famílias. Nestas situações estão incluídos o acompanhamento dos empregados afastados por períodos relativamente prolongados, assim como os processos denominados de "*readaptação*", após os afastamentos para terapias de reabilitação, quer em relação a acidentes e lesões (como as LERs), quer relativas a síndromes como dependência química (nelas incluído o alcoolismo) e alterações psíquicas. É o tipo mais antigo e tradicional de programa com participação dos assistentes sociais, mantendo-se em todas as empresas investigadas, porém com redução de profissionais e tendência à terceirização, sobretudo em relação às atividades implicadas em terapia, como o trabalho com grupos, relativo ao alcoolismo/dependência química, que teve seu auge na segunda metade dos anos 80.

IV — Assistência multidisciplinar de saúde

Compreende a implantação, controle e administração dos recursos assistenciais que suplementam ou substituem os serviços assistenciais públicos; inclui o sistema de atendimento nas emergências, desde o local de trabalho, existindo plantões da equipe em unidades que envolvem trabalhos de algum risco. Muitas vezes, nas grandes empresas, estão articulados com benefícios especiais como os de assistência a filhos portadores de deficiência

---

Especializados em Engenharia de Segurança e em Medicina do Trabalho (SESMT); NR-5, sobre a CIPA; NR-6, sobre Equipamento de Proteção Individual (EPI); NR-7, sobre o Programa de Controle Médico de Saúde Ocupacional (PCMSO); NR-9, sobre o Programa de Prevenção de Riscos Ambientais (PPRA); NR-17, sobre Ergonomia, incluindo as condições preventivas quanto às LER, tais como pausas programadas; NR-23, sobre Proteção contra Incêndios; NR-24, sobre Condições Sanitárias e de Conforto nos Locais de Trabalho; NRs 10 a 22, sobre riscos específicos a determinadas atividades, incluindo as insalubres (NR-15) e perigosas (NR-16). Eles foram se aperfeiçoando em função das conquistas do movimento dos trabalhadores organizados junto com os profissionais críticos especializados.

e concessão ou financiamento de órteses e próteses e, ainda, de medicamentos. Sua implantação é concomitante ao tipo anterior, porém sofreu uma inflexão que tem provocado algum esvaziamento, no que se refere aos benefícios e à sua administração pelo Serviço Social, em função do retrocesso social, já analisado.

V — Qualidade de vida e fóruns participativos (incluindo a CIPA)

Estes programas estão inseridos na dimensão organizacional (ou institucional), desenvolvida em trabalhos pioneiros desde o início dos anos 70, porém ampliados nos anos 90, com a reestruturação produtiva, associados a programas de *Qualidade Total*.[16] Eles se relacionam com o desenvolvimento da cultura e modo de ser do trabalhador, envolvendo valores, relações sociais, comportamentos, o denominado *"clima organizacional"* e suas condições objetivas. Compreendem levantamentos, análises e propostas, elaborados de forma participativa, nos moldes da educação popular, aplicando técnicas de investigação-ação.[17] Eles podem incluir temas relativos à saúde, ao estresse, à agressão ao meio ambiente, assim como a determinadas condições de trabalho que se refletem na saúde, tais como as que exigem isolamento da

---

16. A proposta da *Qualidade Total*, utilizando trabalhos participativos, inclui o atendimento às necessidades de todos os clientes da empresa, que compreendem os acionistas, os compradores dos produtos, os trabalhadores (produtores diretos) e a sociedade, com destaque à comunidade próxima, nas questões do meio ambiente. No modo como tem sido apropriada pela reestruturação produtiva, a participação tem se configurado como "gerencialista", nos termos de Salerno (1987), ou seja, limitada, dirigida e controlada segundo os interesses imediatos da produção e fundamentada em diretrizes e práticas funcionalistas, abstratas, idealizadas e dirigidas a um falso consenso.

Como trabalho pioneiro localizo o que desenvolvi de 1973 a 1988 em empresas estatais, encontrando-se os primeiros descritos em Freire (1983). Eles objetivam a percepção das questões imediatas em sua relação com a totalidade social, pelo trabalhador, e o controle social por estes através da co-gestão dos serviços sociais em comissões específicas, tais como de Saúde e Alimentação. Na empresa estatal pesquisada para a tese, trabalhos semelhantes foram iniciados a partir de 1985, sob a coordenação do Serviço Social.

17. É importante a distinção entre investigação-ação em si, que apresenta uma proposta de produção de conhecimento, e a aplicação participativa de suas técnicas de consulta sobre necessidades, conjugada à propostas e acompanhamento de ações de melhoria das condições passíveis de mudança, identificadas no diagnóstico coletivo.

184

família. Fazem parte desse grupo as Comissões de Gestão e Controle Social de Programas, entre os quais a CIPA e comissões paralelas, bem como as relativas aos serviços assistenciais de saúde e aos de alimentação. O conjunto pode incluir, ainda, programas ambientais-terapêuticos que contribuam para a saúde, como os de lazer.

A CIPA e a política de segurança quanto a acidentes de trabalho também sofrem inflexões com a reestruturação produtiva. A primeira delas passa a ser utilizada como uma ferramenta das gerências das áreas ligadas à questão da segurança do trabalho.[18] Assim, é perceptível uma nova tendência de utilização da CIPA, diferenciada do período fordista no Brasil. Esta tendência é verificada sobretudo na história da ex-estatal privatizada, em minha experiência e através de estudos em empresas nos anos 70 e 80, bem como na experiência e expectativa sindical em relação a elas, como *Organização nos Locais de Trabalho* (OLT). Da escola de cidadania e de exercício político no trabalho, como nesses casos citados ou — no pólo oposto — da sua desvalorização e obscurecimento pelas empresas, que negavam esse mecanismo participativo, "driblando" a legislação e mantendo CIPAs "fantasmas", ela passa a ser por elas apropriada como um mecanismo ao estilo *Círculo de Controle da Qualidade (CCQ) para a segurança*.[19] Isto não significa, no entanto, que o potencial de cidadania e de exercício político desse espaço deixe de existir, assim como que todos os sindicatos e profissionais combativos deixem de investir nesse potencial e, ainda, que deixem de optar por uma posição de assessoramento democrático. Trata-se de um espaço em disputa, em função do seu cada vez mais reconhecido

---

18. Essa consideração se insere nas novas concepções de processo de trabalho e sistemas de gestão, que incorporam atividades relativas ao ambiente físico e relacional, incluindo a prevenção de acidentes, a proteção ambiental e as necessidades humanas. Nessa concepção, o gerente se torna o sujeito central do processo e um dos principais clientes dos profissionais de saúde, na forma de assessoria.

19. Os CCQs constituem um dos principais mecanismos de participação gerencialista das novas estratégias empresariais; são formados por pequenos grupos de trabalhadores para analisar o processo produtivo e propor melhorias, sendo utilizado o saber e a experiência do trabalhador prioritariamente para redução dos custos, com um apelo simbólico sobre a possibilidade de interferir no processo de trabalho.

185

potencial, buscando ser apropriado tanto pelo capital, como pelo trabalho.

Tal atenção se refere também ao interesse capitalista na prevenção de acidentes, em relação à sua política de investimentos financeiros, de *marketing* e de vendas, relativamente vulnerável às pressões do movimento ecológico.[20] Despertada a sua atenção para o programa de prevenção, a empresa também descobre o seu interesse capitalista de contenção de custos nesse objetivo. Nos casos pesquisados, com exceção da estatal, a prevenção tem se limitado ao acidente físico em si, provavelmente em função de sua maior visibilidade. Esse investimento também se dá com forte controle do potencial sócio-político do trabalhador, subordinado aos objetivos da produtividade e às restrições da empregabilidade e do salário. Entretanto, dentro dessa lógica, mesmo com os limites atuais, o investimento das grandes empresas na prevenção de acidentes (buscando a competitividade no mercado global) poderá constituir uma tendência, dependendo das pressões societárias articuladas às do movimento sindical.

Em todos esses programas, o assistente social bem capacitado tem um papel importante, potencialmente, conforme é verificado tanto nos anos 70 e 80 — nos trabalhos citados — como atualmente na estatal, sobretudo diante da preocupação com as relações e envolvimento participativo do trabalhador, conforme é constatado na pesquisa.[21] A pertinência e distinção do assistente social nesses programas corresponde à sua bagagem teórica e técnico-operacional, focalizando as condições e relações sociais articuladas às situações cotidianas apresentadas em tais ocasiões, assim como na comunicação democrática individual e grupal e em fóruns coletivos.

---

20. O fato é constatado sobretudo na empresa privada, que sofre queda nas suas vendas e na bolsa após um acidente de grandes proporções no exterior, implicando até na troca do nome da controladora internacional. Desse modo, ela tem utilizado a sua competência e poder para reduzir quase a zero os acidentes, sendo a mais eficaz neste ponto.

21. O fato evidencia a manutenção da centralidade do trabalhador no processo produtivo atual, a despeito de todas as restrições, discursos e estudos em direção contrária.

Foram também assinaladas pelos assistentes sociais da empresa estatal investigada algumas mudanças positivas decorrentes da reestruturação. São elas: a articulação interdisciplinar com os demais profissionais de saúde, na perspectiva mais coletiva e participativa, que favorece o desenvolvimento da consciência sobre a relação saúde-doença-trabalho-qualidade de vida-clima organizacional-interações sociais e conseqüente desencadeamento de novas posturas; segundo ele, os programas integrados *"mexeram na forma deles [os outros profissionais] trabalharem, deu uma sacudida"*; ao mesmo tempo, contribuíram para a recuperação da imagem do Serviço Social, cujos profissionais dominam muitas das atividades, desempenhando papel central em 50% dos projetos; além disso, foram minimizados os bloqueios decorrentes do isolamento de cada problema, ao estilo do tratamento clínico, quando o gerente costumava *"passar o abacaxi para o Serviço Social; hoje ele vem também junto com o abacaxi"*. Há, portanto, maior facilidade na identificação dos problemas numa perspectiva mais epidemiológica, articulada ao processo produtivo. Esta é relativa aos limites das diretrizes funcionalistas dominantes e à capacitação teórica e política da equipe. É perceptível também a racionalização dos procedimentos, facilitando o planejamento, a avaliação, o registro objetivo e a organização dos dados. Esta organização é complementada com a informatização, tornando as informações sobre os serviços sociais acessíveis a todos os usuários e liberando os profissionais do atendimento restrito a esse objetivo.

Tais alterações e condicionamentos se entrecruzam com a evolução histórica do Serviço Social, sendo detectadas visões e práticas correspondentes à trajetória teórico-metodológica e política da profissão no campo do trabalho e da área da saúde do trabalhador, expostas a seguir. Na sua análise, é tomada como parâmetro a possibilidade de ruptura com o conservadorismo na prática profissional. Ela é identificada na "(...) participação dos assistentes sociais na constituição de novos sujeitos políticos da classe trabalhadora diante de suas demandas nesse campo [do trabalho, voltado para a saúde do trabalhador], particularmente em face das novas condições e relações de trabalho. O processo central que caracteriza esta possibilidade é o de mediatização, nos sentidos da apreensão do movimento contraditório da totalidade concreta e (...) [das condições do seu enfrentamento]. A verificação das mediações captadas e estimuladas é realizada (...), através dos seguintes processos: desenvolvimento de mediações reflexivas pelo profissional para entendimento das demandas da realidade; análise com os sujeitos a partir das suas representações sobre as próprias demandas, acerca das relações dessas demandas com as particularidades da realidade com que se defrontam, assim como das formas deles agirem sobre esta realidade; estímulo a mediações reflexivas na direção do entendimento crítico, por esses sujeitos, do movimento e das mediações constitutivas dessa realidade e de suas ações, assim como dos espaços possíveis de realização das ações, (para desencadeamento de mediações determinantes, num processo de *práxis*); planejamento e acompanhamento dessas ações, de acordo com a correlação de forças, também objeto de análise, e sua articulação com mecanismos políticos coletivos" (Freire, 1998: 671).[22]

A pesquisa revela posições diversificadas dos assistentes sociais, relacionadas à sua qualificação teórico-metodológica e consciência política, sendo condicionadas pelos diferentes campos de força das respectivas empresas, diante do velho dilema reatualizado desse profissional, apresentado por Iamamoto: "Reproduz (...) pela mesma atividade, interesses contrapostos que convivem em tensão. Responde tanto a demandas do capital como do trabalho e só pode fortalecer um ou outro pólo pela mediação de seu oposto" (Iamamoto e Carvalho, 1982: 75). Atualmente se colocam estreitos caminhos alternativos, em face da realidade de exploração intensificada pela reestruturação produtiva. Esta reestruturação, doutrinada como falsamente harmônica, é limitada por uma cidadania fragilizada pela ameaça do desemprego, controlada através da participação *gerencialista*, produtora de carências, exclusão, doenças, morte, desigualdades no seio da própria classe

---

22. As mediações são entendidas como processos responsáveis por passagens e conversões da *totalidade social* complexa — econômica, política, cultural — até as formas singulares da realidade, passando pelas formas particulares — tais como as da empresa — como instâncias intermediárias (Cf. Lukács, 1968). Segundo este autor, aproximar-se do verdadeiramente singular implica em conhecer o mais profundamente possível as relativas particularidades e universalidades, aproximando-se da sua complexidade, no seu movimento histórico, através dos processos que constituem as mediações, a partir da negação do imediato. Sobre esta categoria no Serviço Social, ver Reinaldo Pontes (1995).

trabalhadora e redução de direitos conquistados. Esses caminhos são:

1) aceitar, sem discutir, esta realidade e seu discurso que a naturaliza, contribuindo para domesticar o sujeito diante dela, induzindo o trabalhador a superar-se (e não a realidade), para ser um ser perfeito numa concretude imperfeita e mutiladora (material, física, psíquica, social e politicamente). Esta opção corresponde à linha conservadora, tradicional ou modernizada segundo as novas tecnologias. A primeira é portadora do velho discurso humanista e práticas paternalistas (identificados em 33% dos profissionais que integraram a pesquisa), cujo insuficiente desvendamento da realidade resulta no desumanismo (que, por isso, denomino "*avesso*")[23]; a sua face contemporânea corresponde ao discurso da *competitividade, parceria e qualidade total* — podendo inserir-se em todos os programas apresentados — tendo esta posição sido identificada em mais 25% dos assistentes sociais, a maioria retrocedendo de uma anterior posição crítica.

2) O segundo caminho consiste em manter a análise crítica (competentemente, nas dimensões teórico-metodológica, técnica, política e ética), ultrapassando as aparências e seus discursos, buscando a análise das contradições e suas mediações. Este caminho se concretiza no assessoramento aos sujeitos que vivem do trabalho — podendo incluir os gerentes — adotando com eles a mesma análise crítico-dialética, a partir do concreto vivido cotidianamente (foco histórico de análise do Serviço Social), buscando possibilidades de construir novas formas de autoproteção e fortalecimento. Nesta posição, porém em um estágio incipiente, caracterizado como uma transição crítica contraditória, impregnada da mística do movimento de reconceituação, em uma posição mais voluntarista ou fatalista, sem segurança teórico-metodológica,

---

23. De modo relativo, próprio a toda classificação, identifico, nas empresas e instituições ligadas à *saúde do trabalhador* pesquisadas, assistentes sociais cujas visões e práticas apresentam tendências centrais dominantes que possibilitam situá-los em um desses estágios. Tais tendências permitem concluir sobre o rebatimento nas práticas atuais das linhas correspondentes à evolução da profissão, do ideário abstrato — conservador e reatualizado — à ruptura crítica sobre a realidade e seu enfrentamento, passando por um estágio de transição. Ressalvo que a apresentação desses percentuais não têm a pretensão de validar conclusões para toda a categoria profissional, mesmo no Rio de Janeiro, mas somente para o universo pesquisado.

foram identificados 25% dos profissionais. Já numa posição madura e consistente de ruptura com a primeira posição, foram localizados 17% dos assistentes sociais.[24] *As evidências de que a ruptura tem existência concreta no real é a descoberta mais importante da tese*, que demonstra a ultrapassagem da intenção. Sem a sua verificação, como no caso dos assistentes sociais situados na transição, a intenção resultaria apenas em um novo ideário abstrato, reforçando a dicotomia teoria-prática, na perspectiva marxista.

É demonstrado também que a reestruturação produtiva impacta e ameaça a possibilidade de avanço da tendência de ruptura, nos sinais de retrocesso apresentados nas empresas, que determina o quantitativo dos que optam pela modernização atual, a despeito de a maioria apresentar capacitação teórico-crítica. Entre as ameaças, duas se destacam nas três empresas. A primeira é a do desemprego, que fragiliza politicamente os profissionais, ameaçando-lhes não somente a própria sobrevivência, mas o espaço conquistado pela profissão nas empresas. A segunda consiste no recrudescimento das estratégias funcionalistas, que abala as idéias dos menos preparados teórica e politicamente, delineando-se o que denomino *o avesso do avesso do avesso*.

Entre os desdobramentos concretos dessas ameaças nas demandas empresariais, ressaltam as seguintes tendências contraditórias, também comuns às três empresas.

• *A do avanço da importância dos programas sócio-educativos participativos.* De um lado, essa tendência pode representar uma área valorizada a ser ocupada pelos assistentes sociais, que apresentam perfil e habilidades desenvolvidas para tal, já o sendo na empresa estatal. De outro, o avanço se dá na direção despolitizadora, alienadora e gerencialista da participação, que atinge, inclusive, a considerável parcela de 25% dos profissionais entrevistados. Há também um retrocesso em algumas práticas anteriormente mais evoluídas em relação ao controle social pelo

---

24. Esses percentuais são alterados ao reunir os profissionais das empresas com os integrantes das instituições públicas de saúde do trabalhador, identificando-se no total: 24% na postura conservadora (tradicional ou modernizada), 16% na contemporânea, 26% na de transição e 34% na de ruptura. Isto revela a maior tendência de modernização conservadora no campo empresarial atualmente do que nos programas públicos, sobretudo os de vanguarda de saúde do trabalhador, nos quais os profissionais são estimulados a desenvolver processos de ruptura.

trabalhador e ao seu desenvolvimento como sujeito crítico, como mencionado na nota 16.

• *A tendência de descarte dos programas assistenciais das empresas*, através de sua terceirização, com delegação de sua operacionalização a profissionais em regime temporário e precarizado de trabalho, que os torna mais dependentes do empresário, restringindo seu alcance social. Ao mesmo tempo, paralelamente à conquista da concepção de direito dos benefícios, através dos Acordos Coletivos de Trabalho, sua administração (terceirizada ou deslocada para a área de Remuneração da empresa) torna-se burocratizada ou subordinada às metas e critérios econômico-políticos da produção.

• *A tendência da transdisciplinaridade, associada à polivalência, substituindo os espaços profissionais, multiprofissionais e interprofissionais, sobretudo quanto aos programas sócio-educativos.* A transdisciplinaridade — construída em torno de diretrizes e estratégias comuns — distingue-se da multidisciplinaridade e interdisciplinaridade, estas caracterizadas pela complementação e interação entre profissionais, porém mantendo a valorização das respectivas formações básicas. Se por um lado essa tendência descorporativiza e enriquece a visão de cada profissional e a natureza do trabalho coletivo da equipe, por outro, quando associada de modo simplista à polivalência, tende a minimizar o conhecimento mais aprofundado de cada profissão nas suas respectivas áreas de concentração e tornar esses espaços objeto de disputa individual, inclusive pelos de formação básica em Ciências Exatas, complementada por cursos de atualização de pequena duração. Isto favorece as profissões dominantes e coloca em risco de extinção as mais recentes e frágeis politicamente, como o Serviço Social, no que se refere ao espaço dos trabalhadores estratégicos nas grandes empresas. Esse risco independe da bagagem teórico-prática de alguns dos seus profissionais, que têm revelado maior profundidade sobre as questões sociais e as relações sociais cotidianas. Ele é verificado nos casos pesquisados, na estatal, assim como junto a um profissional da empresa privada, onde é reconhecida essa qualificação, que, no entanto, é atribuída mais ao perfil singular de determinados profissionais do que à profissão em si, predominantemente associada à marca assistencialista, ultrapassada e subalternizada e, por isso, descartável como área de interesse.

Assim, o assistente social tende a inserir-se e, ao mesmo tempo, dissolver-se em equipes multidisciplinares, em diversas áreas — da *Saúde, Recursos Humanos, Qualidade, Treinamento, Comunicação Social, Planejamento Estratégico* — nas quais o perfil da sua formação apresenta condições de sucesso. Inversamente, sua manutenção em um serviço isolado tende a reforçar sua desvalorização ou precipitar sua terceirização (neste caso também acoplando-se a grupo multidisciplinar). Na pesquisa, é verificado que os assistentes sociais bem capacitados assumem posição de destaque, como gerentes, assessores, consultores internos e coordenadores de programas estratégicos como o da pesquisa de *Clima Organizacional*, nessa condição transdisciplinar. Predominantemente, é na empresa estatal onde se localizam os profissionais mais bem selecionados, qualificados, atualizados, remunerados e respeitados, que ocupam com sucesso os novos espaços. Entre eles também se encontra a maioria dos que desenvolvem mediações na linha de *ruptura* nas empresas, com trabalhadores de todos os escalões, assessorando seu desenvolvimento como sujeitos políticos críticos.

Diante dessas mudanças, *os profissionais de Serviço Social, neste campo, atualmente se deparam com grandes desafios, associados à seguinte contradição.* De um lado, por ter o micro-social a característica de permear todos os aspectos da vida humana, no trabalho e fora dele, e por estar inserido nos mecanismos da pedagogia do trabalho, o assistente social tem condições potenciais de adquirir importância estratégica ampla, conforme comprovado na estatal. Nesse caso, o perfil desse profissional, quando qualificado e atualizado, apresenta a vantagem de uma bagagem teórica mais sólida em relação às questões sociais e suas políticas, assim como um acúmulo técnico-operativo no trato direto com o trabalhador, conhecendo seu olhar, seu sentir, sua linguagem, sua relação com a empresa, e a da empresa com ele, sem assumir necessariamente a defesa empresarial, como os profissionais de relações trabalhistas, por exemplo. De outro lado, a mesma bagagem, sobretudo se acompanhada de uma sólida formação teórica e política, o coloca criticamente contrário às diretrizes funcionalistas obscurecedoras da realidade. Nesse outro aspecto, põe-se diante dele a alternativa de capitular — conforme alguns casos localizados na pesquisa, na estatal — ou trabalhar no campo minado de objetivos contraditórios. De certo modo, esta é a situação de todo trabalhador consciente, no mundo do trabalho capitalista, cujos meios de produção e bens produzidos (assim como serviços) são controlados pelos que exploram seu trabalho. Assim, por ter como foco central de sua ação profissional os interesses sociais contrapostos das classes a cujas demandas responde concomitantemente, o assistente social lúcido sofre muito especialmente os impactos atuais, quando — fragilizado ele próprio — pretende colocar-se do lado do trabalhador, sobremodo afetado com a reestruturação, sob o domínio neoliberal. Desse modo, diante da crise e dos limites por ela impostos, sobretudo para os espaços e sujeitos do campo de trabalho, impõe-se a necessidade de capacitar-se para assumir com clareza a nova realidade. Isto implica no estudo das particularidades emergentes e suas alternativas, incluindo a apropriação das novas tecnologias de fundamento funcionalista como a da *Qualidade Total*, com profundidade, redimensionando a sua direção e o debate, assim como as novas articulações com a sociedade civil. A análise da realidade pesquisada permite concluir que as interpretações da realidade dos clássicos da teoria social iluminam o entendimento das modificações profundas em andamento, assim como possibilitam avançar na percepção dos seus desdobramentos e novas faces da questão social e da sociabilidade. Ele assegura um caminho eficaz de pesquisa das demandas da realidade e de suas respostas, através de elementos críticos existentes no movimento do real, campo de tensionalidades, pleno de contradições, que, segundo Marx (Cf. Netto, no 8º CBAS), *"corrói o estado de coisas"*.

Referências bibliográficas

BORGES, Ângela & DRUCK, Maria da Graça. Crise global, terceirização e a exclusão no mundo do trabalho. *Caderno CRH*, Salvador, n. 19, 1993.

BRASIL. Lei n. 6514, de 22 de dezembro de 1977. Portaria n. 3.214 de 8 de junho de 1978. São Paulo, Atlas, 1993.

_____. Ministério da Saúde. *Lei Orgânica da Saúde*, n. 8080, de 19 de setembro de 1990. Brasília, Assessoria de Comunicação Social. Agência Brasileira de Saúde, 1990.

BRASIL. Conselho Nacional de Saúde — CNS. *Resolução n. 44*, de 3 de março de 1993. Brasília, 1993.

_____. *Norma Operacional de Saúde do Trabalhador no SUS* — NOST/SUS. Brasília, 1994.

BREILH, Jaime. *Epidemiologia: economia, política e saúde*. São Paulo, UNESP/Hucitec, 1991.

BRITO, Jussara. Procurando compreender os conceitos de carga, trabalho e risco (tecnológico). *Revista Brasileira de Saúde Ocupacional*, Rio de Janeiro, n. 72, 1991.

CARDOSO, Isabel C. C. *Reestruturação industrial e políticas sociais empresariais no Brasil dos anos 80*. Dissertação de mestrado. UFRJ, 1996.

DIESAT. *Insalubridade: morte lenta no trabalho*. São Paulo, Oboré, 1989.

FREIRE, Lúcia M. B. *Serviço Social Organizacional*. São Paulo, Cortez, 1983.

_____. O assistente social e a saúde do trabalhador no Rio de Janeiro: perfil, demandas e práticas profissionais. *Encontro Estadual de Saúde*. Rio de Janeiro, UERJ-CRESS 7ª R., abr. 1994.

_____. *Saúde do trabalhador e Serviço Social: possibilidades pelo avesso do avesso*. Tese de doutorado. PUC-SP, 1998.

IAMAMOTO, Marilda & CARVALHO, Raul. *Relações sociais e Serviço Social no Brasil*. São Paulo, Cortez, 1982.

LAURELL, Asa Cristina & NORIEGA, Mariano. *Processo de produção e saúde*. Trabalho e desgaste operário. São Paulo, Hucitec, 1989.

LUKÁCS, Georg. *Introdução a uma estética marxista*. Rio de Janeiro, Civilização Brasileira, 1968.

MOTA, Ana Elizabete. *Cultura da crise e seguridade social*. São Paulo, Cortez, 1995.

NETTO, José Paulo. *Ditadura e Serviço Social: uma análise do serviço social no Brasil pós-64*. São Paulo, Cortez, 1991.

_____. O Serviço Social: projeto ético-político e o enfrentamento da barbárie social. *8º Congresso Brasileiro de Assistentes Sociais*. Salvador, jul. 1995 (transcrição da exposição).

PONTES, Reinaldo. *Mediação e Serviço Social*. São Paulo, Cortez, 1995.

SALERNO, Mário Sérgio. Produção, trabalho e participação: CCQ e Kanban numa nova imigração japonesa. In: FLEURY, Maria Tereza L. & FISCHER, Rosa Maria (coords.). *Processo e relações do trabalho no Brasil*. São Paulo, Atlas, 1987.

8

NA CORDA BAMBA DO TRABALHO PRECARIZADO: a terceirização e a saúde dos trabalhadores

Ana Inês Simões Cardoso de Melo*
Glaucia Elaine Silva de Almeida**
Ubirajara Aloízio de Oliveira Mattos***

— Não sou eu que faço as regras [diz o primeiro homem]
— Por isso mesmo é que não deveria entrar no jogo [diz o segundo].

Do filme *A Fogueira das Vaidades*

Este ensaio tem por objetivos, trazer para o Serviço Social a discussão sobre o campo da Saúde do Trabalhador, e proporcionar

---

* Professora Assistente da Faculdade de Serviço Social da Universidade do Estado do Rio de Janeiro.
** Bolsista de Aperfeiçoamento Profissional do CNPq e *Mestranda em Saúde Pública da ENSP/FIOCRUZ*.
*** Professor Adjunto do Departamento de Engenharia Sanitária e Meio Ambiente da Faculdade de Engenharia/UERJ.

algumas reflexões sobre as características que conformam as relações entre saúde e trabalho no contexto brasileiro de reestruturação produtiva.

O estudo que vimos empreendendo[1] parte, por um lado, da constatação das dificuldades e limitações próprias à construção de uma política nacional de Saúde do Trabalhador em uma lógica diferenciada da que, historicamente, orientou as ações do Estado Brasileiro na regulação das questões que envolvem a relação saúde-trabalho[2].

Neste sentido, em relação aos trabalhadores "centrais"[3] e a parcelas do grupo "periférico", destacamos que foi somente no arcabouço jurídico-legal estabelecido em 1988 e nos seus encaminhamentos posteriores[4] — aliás, diga-se, não só de passagem, fruto de conflitos e lutas sociais — que se viabilizou, no país, os primeiros passos, no campo da saúde, para uma intervenção pública que articulasse mais concretamente o processo saúde-doença em sua relação com o processo de trabalho.

---

1. Estamos encaminhando na FSS/UERJ o projeto de pesquisa "Saúde e Trabalho: Impactos das Inovações Tecnológicas e Organizacionais no Contexto da Reestruturação Empresarial no Rio de Janeiro". Esta pesquisa é parte do Projeto Integrado: "Reestruturação Produtiva e Precarização da Força de Trabalho no Brasil: Um Estudo Interdisciplinar", financiado pelo CNPq e coordenado pela Profa. Dra. Ana Elizabete da Mota.

2. Com respeito à atuação do Estado Brasileiro em relação à saúde dos trabalhadores e em referência às concepções diferenciadas que informam a relação saúde-trabalho, ver as contribuições de Faleiros (1993); Laurell & Noriega (1989); Mendes & Dias (1991); ABRASCO (1990).

3. Neste ensaio quando utilizamos a terminologia "centrais" e "periféricos", queremos evidenciar as relações atuais de trabalho, diferenciando a natureza dos vínculos de emprego. A este respeito, sugerimos a leitura de Harvey (1993:140-143), onde é realizada detalhada descrição das mudanças em curso e seus rebatimentos na reestruturação do mercado de trabalho. *Para o autor, os trabalhadores considerados "centrais" são aqueles que se encontram formalmente inseridos no mercado de trabalho, com emprego regular e estável, possibilidades de ascensão e bons salários. Caracteriza-se, ainda, por sua adaptabilidade, mobilidade e flexibilidade. Os "periféricos" são subdivididos por Harvey, em dois grandes grupos. Um primeiro, formado por trabalhadores que têm empregos em tempo integral, habilidades menos especializadas, distinguindo-se, em relação aos "centrais", por ter um menor acesso ao mercado de trabalho e alta rotatividade. O segundo subgrupo, que vem crescendo significativamente, é constituído por trabalhadores eventuais, subcontratados, em regime de tempo parcial ou determinado de contrato de trabalho e sem os direitos assegurados.*

4. Nos referimos à Lei Orgânica da Saúde (Ministério da Saúde, 1990) e as legislações específicas estaduais e municipais.

Por outro lado, não podemos desconsiderar o fato de que foi, naquele mesmo momento, que a avalanche de propostas inerentes ao processo de reestruturação produtiva entrou em cena, trazendo conseqüências para o mundo do trabalho que não podem ser observadas tão ligeiramente, mas que configuram um processo que denominamos como precarização da força de trabalho, e que tem na estratégia da terceirização uma de suas determinações.

Assim, consideramos que os trabalhadores que estão envolvidos em relações precarizadas, constituindo a "periferia" do mercado de trabalho, estão submetidos aos mesmos riscos e cargas — ou até mesmo à sua intensificação — ou tendo, também precariamente, o acesso às ações de vigilância e assistência à saúde.

As relações precarizadas de trabalho e a terceirização

É impossível falar em terceirização, sem considerá-la em relação ao fenômeno mundial da reestruturação produtiva, em curso no Brasil, especialmente a partir dos anos 90. Trata-se do enfrentamento de problemas como a perda da competitividade no mercado interno e externo, a baixa eficiência e a redução da rentabilidade industrial.

A economia mundial, nessas últimas décadas, está passando por grandes transformações com repercussões na produção e na prestação de serviços, afetando não só a vida de trabalhadores, mas, também de consumidores e da população em geral. A palavra de ordem hoje, é a competitividade, resultado da globalização, liberalização e excelência.

A globalização, segundo Fonseca, é o resultado do que se denominou de

terceira revolução tecnológica (tecnologias ligadas a informação — busca, processamento, difusão e transmissão — a inteligência artificial e a engenharia genética), combinada com a formação de áreas de livre comércio e blocos econômicos integrados (Mercosul, União Européia, Nafta), e com a crescente interligação e interdependência dos mercados físicos e financeiros em escala planetária. (Folha de S. Paulo, 1997: 2).

A liberalização consiste em uma menor intervenção do Estado na economia, deixando os grandes grupos multinacionais atuarem livremente nos mercados internacionais, segundo as suas próprias regras e regulamentos, o que equivaleria à consideração de que

a competitividade é condição de sobrevivência, a busca da excelência ocorre de forma natural. É a busca diuturna do estar sempre a frente um nível acima para fazer frente à incrível velocidade dos nossos dias; as empresas se vêem na obrigação de serem suficientemente dinâmicas e flexíveis para conseguir assimilar as rápidas e contínuas evoluções tecnológicas dos produtos e processo, sob pena de ficarem a mercê da concorrência. (Silveira, 1992: 60).

Na reestruturação produtiva brasileira, a grande ênfase tem sido dada aos aspectos organizacionais, e não no investimento em ciência e tecnologia, como supõe o senso comum. Desta maneira, a *terceirização* tem sido uma estratégia bastante afinada com o ideário instituído pela *reestruturação produtiva*, embora seja historicamente anterior a esta última. A terceirização é remota, enquanto técnica gerencial de compra de serviços ou transferência de atividades a terceiros. O que há de novo é sua versão focal, ou focalização das atividades.

A afinidade da terceirização/focalização com os objetivos da reestruturação produtiva de aumento da produtividade, através dos aspectos organizacionais, tem feito dessa técnica, uma referência adequada ao novo paradigma instituído nas empresas reestruturandas/reestruturadas.

Com a focalização, ocorre a análise e a identificação dentro da atividade fim, do que a empresa é capaz de fazer melhor e com menor custo, e a entrega a terceiras das demais atividades (externalização de etapas do processo). A terceirização hoje, é um processo que pode se desenvolver pelo menos de duas maneiras diversas, concomitantes ou não: através da desativação parcial ou total de setores produtivos ou através da alocação de trabalhadores para execução de algum serviço na própria planta da empresa-mãe (DIEESE, 1993: 5). A simples descrição conceitual da técnica, portanto, já nos permite afirmar a relação de complementaridade dela, em relação ao ideário neoliberal de empresas enxutas e especializadas.

A tendência mundial de globalização, abolição de fronteiras, livre exercício da concorrência e o fim da reserva de mercado durante o Governo Collor, colaboraram para a disseminação do uso da técnica nacionalmente. Através dela, busca-se a alteração de algumas características do processo de produção: a *produtividade*, os *custos* e a *qualidade*.

Especificamente, no que toca à qualidade, a terceirização emerge como uma estratégia, que, a princípio, deveria atender a este requisito, a partir da transferência pela empresa-mãe às terceiras, daquelas atividades que não se constituem o seu principal negócio. Desta forma, a transferência destas atividades significaria uma maior adequação dos produtos e serviços às normas internacionais de certificação.[5]

Chamamos a atenção, no entanto, para o não-atendimento unânime deste requisito de qualidade que a terceirização traria, a partir da concentração pelas empresas (mães e terceiras) em seus negócios exclusivos, o que tem significado, no caso brasileiro, inclusive o movimento de *desterceirização*.

Do conceito inglês de *partnership* (parceria) com o próprio mercado e com os trabalhadores, e do ideal de *outsourcing* (busca de suprimentos/fornecimento vindo de fora), a terceirização à brasileira, vem emergindo como versão grosseira, apreensão tácita do discurso importado em sua dimensão técnico-operativa e excludente de considerações que avaliem seus efeitos a longo prazo e em larga escala, sobretudo de um ponto de vista ético-político. Acrescenta-se então, a desconsideração das diferenças substantivas histórico-culturais (gênero, geração, etnia...) existentes entre os

---

5. A série ISO 9000 consiste de cinco normas abordando os seguintes assuntos: ISO 9000 — Normas de gestão da qualidade e garantia da qualidade — Diretrizes para seleção e uso. Ela introduz a série, apresenta os conceitos adotados e orienta empresas e fornecedores quanto a norma a ser adotada (9001, 9002 ou 9003). ISO 9001 — Sistemas de qualidade — Modelo para garantia da qualidade em projetos/desenvolvimento; produção, instalação e assistência técnica. ISO 9002 — Sistemas de qualidade — Modelo para garantia da qualidade em produção e instalação. ISO 9003 — Sistemas de qualidade — Modelo para garantia da qualidade em inspeção e ensaios finais. ISO 9004 — Gestão da qualidade e elementos do sistema de qualidade — Diretrizes. (ABNT, 1990)

atores envolvidos no processo produtivo. Limita-se à *reprodução de um discurso prescrito* (Martins, 1994). O estudo da técnica, talvez por isso, ganhe crescente relevância, e também, porque para muitos, "com a disseminação e a amplitude dos processos de terceirização (...) todas as funções da fábrica, estão em tese, sujeitas a essa inovação organizacional" (Gomes & Meirelles, 1994: 7).

Entre os objetivos da reestruturação produtiva, assume relevância o da formação de um novo consenso fabril ou consenso de classes. Esse objetivo é pautado na meta de bloqueio de um dos movimentos característicos do paradigma anterior, que era a pressão constante por política salarial e direitos que acrescentavam ônus ao processo produtivo. Essa pressão era exercida sobretudo, pelos sujeitos coletivos e, em especial, pelo movimento sindical, através de greves e outras estratégias, que pressupunham o envolvimento coletivo dos trabalhadores em pleitos concretizados, muitas vezes, em regulamentação. A partir desta lógica, o bloqueio do movimento de pressão por conquistas na relação capital-trabalho, deveria ser construído pela via da destruição/abalo de um de seus pressupostos: o envolvimento coletivo dos trabalhadores.

A organização coletiva dos trabalhadores é um produto histórico e não um atributo de uma suposta natureza humana. Acontece em decorrência de relações sociais onde ela emerge enquanto movimento societal; e em sua expressão microssocietária, de relações do chão-de-fábrica, que permitem um mínimo de tempo de permanência dos trabalhadores em seus postos, um cotidiano de trabalho de construção de um discurso contra-hegemônico, a emergência de lideranças e a consolidação das entidades coletivas (grupos, comissões de fábrica, sindicatos, centrais sindicais...).

A transformação do cotidiano num espaço de exercício de ações políticas, encontra sérios impedimentos em um contexto de precarização das relações de trabalho, como o instituído pela terceirização: trabalhadores em permanente substituição, desqualificados, cujo vínculo empregatício tem como característica a fragilidade, submetidos a riscos e cargas de diferentes naturezas, obssessivamente ocupados com a garantia da renda mínima necessária à sobrevivência e permanentemente assaltados pelo medo do desemprego estrutural, da falência das sub-contratadas, pela desproteção social fundada por um Estado cada vez mais ausente das políticas sociais.

Com relação ao enfraquecimento do Estado, constata-se que:

As pressões pela desregulamentação do Estado exigidas pelo crescente fluxo de capital financeiro internacional, as consequências de uma prolongada crise recessiva e as políticas de ajuste fiscal em curso limitam crescentemente a construção de projetos nacionais e colocam em risco o papel e a atuação do Estado enquanto formulador de política, planejador e regulador dos problemas de saúde e meio ambiente relacionados ao desenvolvimento. Estas dificuldades concretizam-se nas crescentes polarizações entre a globalização em curso, que pressiona por políticas de contenção de gastos públicos, privatização de empresas públicas e a liberalização dos fluxos de comércio e investimento, e as pressões regionais de trabalhadores e da população em geral por melhores condições de vida, trabalho e meio ambiente. (Mattos et al., 1996: 52).

Quanto aos trabalhadores, dificilmente, encontrarão a energia necessária para o embate coletivo seja por melhores condições de trabalho, seja por pleitos salariais, seja por requisições de natureza legal.

(...) de modo nenhum se pode libertar os homens enquanto estes não estiverem em condições de adquirir comida e bebida, habitação e vestuário na qualidade e na quantidade perfeitas. A (libertação) é um ato histórico, não um ato de pensamento, e é efetuada por relações históricas, pelo nível da indústria, do comércio, da agricultura, do intercâmbio. (Marx & Engels, 1984: 25)

Daí, temos um dos aspectos mais marcantes da reestruturação produtiva, a criação de um novo tipo de trabalhador, cujo perfil melhor se enquadre aos objetivos empresariais de gestão da força de trabalho para o aumento da produtividade. O trabalhador terceirizado, não é um projeto isolado, mas um rebatimento e uma possível face das expectativas que deverão abranger o conjunto dos trabalhadores, exigidas pelo novo consenso que se busca estabelecer.

É fato que a terceirização de alguns setores, imprime mudanças em toda a cultura organizacional, mudanças na gestão da força de trabalho, mudanças nos instrumentos da relação legal estabelecida pela empresa, mudanças no modo de ser moral do trabalhador, mudanças no perfil socioeconômico do conjunto dos empregados, mudanças no perfil de morbi-mortalidade dos mesmos e nas possibilidades de exercício dos direitos de cidadania, bem como, mudanças no meio-ambiente. Mas, as mudanças decorrentes da terceirização, não se esgotam nas organizações empresariais, ela é um dos claros determinantes do quadro de "jobless growth",[6] ou seja, o aumento da produtividade na razão inversa do nível de emprego.

Terceirizar implica no cumprimento de um código de posturas que envolvem contratantes e contratadas. A natureza do código de posturas não é neutra, mas é produto de relações econômicas. Tal código de posturas adquire materialidade no contrato estabelecido entre elas. Ele é um espaço de relações políticas, onde se expressam os direitos e encargos trabalhistas, a responsabilidade acerca dos riscos inerentes ao processo produtivo, a presença ou ausência de cobertura previdenciária. Ora, se considerarmos a terceirização uma técnica que permite a redução de custos e o contrato como um de seus elementos centrais, precisamos entender este último, como o espaço onde se operacionaliza a contenção de custos. Cláusulas contratuais neste contexto, são estratégicas para redução de custos, através da desresponsabilização da empresa-mãe com os custos da força de trabalho empregada pelas terceiras, com as matérias-primas, com o transporte, com a atualização/manutenção dos equipamentos. O código de posturas apresenta vulnerabilidade tanto no que tange à empresa-mãe, que nem sempre realiza auditorias fiscalizadoras da atuação das subcontratadas, quanto por parte dessas, cuja infra-estrutura tecnológica, jurídica, financeira, nem sempre é capaz de suportar as requisições do setor econômico em que se insere, originalmente suportadas pela empresa-mãe. Normalmente, a subcontratada tende a reproduzir a lógica da empresa-mãe de fuga dos encargos trabalhistas, num contexto de aumento dos lucros de produção.

---

6. "Crescimento sem emprego", expressão inglesa utilizada pelo ex-Ministro da Fazenda e atual vice-presidente do Banco BMC, Mailson da Nóbrega.

O trabalho do capital de operar essas mudanças fundamenta-se no plano econômico, pelo avanço do desemprego estrutural, em razão direta da reestruturação das indústrias, proporcionada, sobretudo, pela informatização de muitas etapas dos processos de produção; e no plano ideológico pela "cultura da crise", cujo conteúdo político é a "idéia de que a crise afeta indistintamente o conjunto da sociedade" (Mota, 1995: 73). Além disso, o pensamento neoliberal e a difusão de padrões de comportamento individualistas[7], em detrimento do fortalecimento dos sujeitos coletivos, opera significativas mudanças no terreno da participação política dos trabalhadores e suas condições de vida.

Assim, destacamos o terreno nebuloso que opõe regulamentação e desregulamentação, onde há um quadro de imprecisões que alimenta o discurso neoliberal e que acaba ganhando ressonância na mídia, reeditando regressivamente, a sociedade dos livres contratantes. Desta forma, "novas fórmulas políticas e, talvez, nova linguagem e novos conceitos" são necessários para as questões novas que se colocam "(...) como é que fica a questão dos direitos em circunstâncias nas quais a esfera de deliberação está descentrada e fragmentada numa rede produtora que tende, ademais, seguindo os fluxos da globalização, a ser cada vez mais desterritorializada?" (Telles, 1997: 223)

A Saúde dos Trabalhadores e as Relações de Trabalho Precarizadas

A saúde dos trabalhadores não se constitui em uma preocupação recente. A pertinência de relações entre a saúde e o trabalho é questão que se coloca desde a antigüidade nos estudos de Ramazzini (Facchini, 1993) e que vem encontrando, ao longo do tempo, a preocupação de atores diversos que buscam, com olhares diferenciados, a identificação de patologias e agravos diversos a que estão submetidos milhares de trabalhadores nos mais diferentes tipos de processo de trabalho.

---

7. Confira Harvey (1993: 161). Para o autor, os padrões de comportamento individualista se traduzem pelo "empreendimentismo [que] caracteriza não somente a ação dos negócios, mas domínios da vida".

203

Debruçar o olhar sobre este campo e buscar colher as diferentes determinações presentes, não se constitui em tarefa fácil. Ao contrário, exige a consideração do conhecimento produzido em diferentes áreas do saber, bem como a identificação das diferentes formas de intervenção adotadas, pelo menos, pelo Estado, empresariado e trabalhadores.

A rigor, quando se toma a relação entre saúde-doença e o processo de trabalho, vimos aí, implicados a esfera da produção e reprodução, do público e do privado já que o objeto saúde do trabalhador exige a associação das instâncias de vigilância e assistência (Machado & Barcellos, 1993; Augusto, 1995; Melo, 1993).

Ao observarmos a antiga casuística em Saúde do Trabalhador, verificamos que esta apontava para números expressivos em termos de acidentes de trabalho típicos (mortes e amputação), próprios do "padrão fordista"[8] e doenças profissionais relacionadas a ramos de produção específicos, tais como a silicose, o benzenismo, a asbestose e o hidrargirismo. Quando nos debruçamos sobre a atualidade do problema, verificamos a associação de distúrbios novos e de patologias vinculadas ao sofrimento psíquico e às psicopatologias.[9]

Este quadro é agravado, mesmo quando consideramos que, no contexto brasileiro, a década de 80 representou uma vitória dos trabalhadores em termos de uma maior salubridade e melhoria das condições de trabalho. Isto porque sabemos, que o investimento em inovações tecnológicas no país é tímido, e que as inovações organizacionais foram as que receberam um incremento crescente por parte do nosso empresariado.

Assim, quando nos detemos nos impactos das inovações levadas a cabo pela reestruturação das empresas, em termos de saúde dos trabalhadores, queremos afirmar a convivência do

---

8. Quando usamos a denominação "padrão fordista", consideramos o conceito na sua relação com o processo de trabalho e o fazemos com a intenção de diferenciar a casuística em Saúde do Trabalhador nos diferentes momentos da produção. Portanto, não estamos desconsiderando o atual contexto das relações de produção como transição para a acumulação flexível ainda não consolidada. Muito menos deixamos de reconhecer que, no Brasil especialmente, o fordismo assume características bastante diversificadas.

9. A este respeito, ver Mattos et al. (1996).

"antigo" e do "novo" nas atuais relações de produção. Em muitos casos, a ausência de inovações tecnológicas com a adoção maciça de inovações organizacionais ou, até mesmo quando da introdução daquelas, mas combinadas com modos de gestão "inovadores", o que irá se verificar são repercussões extremamente nocivas para a saúde dos trabalhadores.

A flexibilidade aliás, dos processos de trabalho, dos mercados de trabalho, dos produtos, dos padrões de consumo, e dos direitos sociais, é a base de todas as transformações ocasionadas pela reestruturação produtiva, e é aí, que encontramos o principal componente da *modernização conservadora* (Mota, 1995).

Sob o discurso de "flexibilidade" e das "parcerias", é observada uma acentuada precarização do trabalho com aumento significativo do setor informal e de diferentes formas de contratação com o recurso ao trabalho em tempo parcial, temporário ou subcontratado. Como bem observa Thébaud-Mony, apesar da subcontratação aparecer no discurso gerencial sob o ícone da "parceria", "esta não se reduz a uma simples transferência de mercado", mas se estabelece claramente como uma das "estratégias de flexibilização da mão-de-obra e de precarização do emprego, que se coloca à margem de qualquer legislação do trabalho, da saúde e do ambiente" (1993: 49).

No terreno das condições de vida, assume crescente relevância as conseqüências ambientais da terceirização. Por um lado, o fenômeno da exportação de riscos — *export of environmental responsibility* (Ladou, 1994) — para a saúde dos trabalhadores e para o meio-ambiente é uma prática desenvolvida por muitas indústrias dos países centrais em relação aos periféricos, através da transferência de suas plantas e processos mais "comprometidos", baseados sobretudo na flexibilidade das leis trabalhistas e ambientais locais.[10] Por outro lado, a terceirização representa a "exportação de riscos", dentro do próprio espaço das nações, na medida em que viabiliza a *migração dos riscos* das empresas

---

10. A produção de bens está se deslocando para as zonas mais atraentes e de baixos salários. Por outro lado, estes produtos se destinam aos consumidores dos setores mais ricos do hemisfério norte. Além disso, os acordos comerciais ignoram os direitos do trabalhador e do consumidor (*Folha de S. Paulo*, 1997). Sobre a articulação entre saúde, trabalho e meio ambiente, como uma questão que afeta a todos os cidadãos, trabalhadores e consumidores, sugerimos ver também Machado et al., 1992.

maiores para as menores. Lima (1997) sintetiza, em recente trabalho, a interface das esferas da saúde, trabalho e meio ambiente, assim explicitando:

As ações de Saúde do Trabalhador possibilitam a articulação entre as questões relativas ao mundo do trabalho (dentro do muro das empresas) em busca da despoluição da produção e da utilização das chamadas "tecnologias limpas" — principalmente, num contexto de globalização da economia e exportação de riscos para o Terceiro Mundo — e aquelas relativas às condições de vida num sentido mais amplo, referentes por exemplo, aos direitos do consumidor e aos movimentos ambientalistas (Lima, 1997: 15)

Esta configuração permite constatar a existência de uma linha divisória cada vez mais nítida entre trabalhadores do "centro" e da "periferia", que irá implicar em repercussões, também, em termos da relação saúde/trabalho.

Os programas de qualidade e produtividade, de acordo com a literatura especializada, se propõem à adoção de medidas de modernização tecnológica e de valorização da mão-de-obra. (GREDEC, 1992; Almeida, 1995). No entanto, constata-se que tais programas têm gerado significativas modificações nos processos de trabalho e nas relações de trabalho, com reflexos nos produtos/serviços e na saúde dos trabalhadores. Diversos estudos têm mostrado, principalmente, que as mudanças, devido a implantação desses programas, não estão melhorando a qualidade de seus ambientes de trabalho, nem as condições de saúde dos trabalhadores. (Oliveira, 1995; Mattos, 1994; DIESAT, 1993; Stotz & Almeida, 1995, Mattos et al., 1996).

As recomendações propostas na ISO 9000, visam basicamente preservar a qualidade dos produtos e dos processos, em detrimento da saúde dos trabalhadores. As medidas de segurança constantes nestas normas, têm como objetivo garantir a qualidade dos produtos, processos e serviços, colocando a segurança do trabalhador como um meio para se atingir um fim maior que é a produtividade. Os estudos de confiabilidade humana apesar de considerarem os erros humanos[11] como reflexos da organização do trabalho e do

---

11. A norma ISO 9000 classifica em seis tipos de erros: atenção, memorização, interpretação, operação, identificação e intencionais (ABNT, op. cit.).

processo, não levam em conta, na maioria das vezes, as recomendações para melhoria da qualidade, os fatores físicos ambientais (ruído, calor e iluminação) nem outros fatores, como por exemplo, duração da jornada e turnos de trabalho (Mattos, 1994).

Na estratégia de eliminar cada vez mais a porosidade do trabalho, observa-se em relação aos trabalhadores "centrais" um ritmo de trabalho mais intenso, tendo em vista a polivalência como um dos requisitos atuais de qualificação para o trabalho. Em relação aos trabalhadores "periféricos", o que se verifica é, também, o aumento da jornada de trabalho, paralelamente a uma total desproteção social.

Assim, a complexidade que hoje envolve as relações entre o processo saúde-doença e o processo de trabalho exige o investimento não só de conhecer as novas tecnologias e suas repercussões no quadro de morbimortalidade da população trabalhadora, mas também, e sobretudo, de observar o convívio do "tradicional" e do "novo".

Neste sentido que, inclusive, destacamos a necessidade de verificação e validação de dados que confirmem que a terceirização das atividades, tem significado, no desenvolvimento real dos processos de trabalho, uma terceirização de riscos.

Laurell & Noriega (1989) em contribuição matricial para o campo da relação Saúde-Trabalho, recorreram à compreensão marxiana de processo de trabalho, considerando suas determinações técnica e *social* para o entendimento do processo saúde-doença. Estes autores no leito da trajetória da Medicina Social latino-americana, resgataram a compreensão do processo de produção capitalista e, ao estabelecerem a determinação histórica da relação saúde/trabalho, a consideraram como a articulação dos processos indissociáveis de valorização e de trabalho.

Nesta perspectiva, evidenciaram o processo saúde-doença como historicamente determinado, compreendendo-o como processo coletivo que requer a consideração das condições ambientais das coletividades em seus processos de adaptação. Desta forma, o corte do pensamento médico tradicional que situa a saúde ou a doença como um processo individual e a-histórico, é superado.

Isto exige a necessidade de compreendermos o processo saúde-doença em sua articulação com o processo de trabalho em um contexto determinado — este em relação ao qual nos debruçamos agora, o de inovações tecnológicas e, especialmente, organizacionais aceleradas.

Neste sentido, tomamos como referência a argumentação dos autores, quando evidenciam que "muitos dos processos de adaptação não somente significam a sobrevivência em condições corporais precárias, como também, até podem se converter em seu contrário (...) em destruidores da integridade corporal" (Laurell & Noriega, 1989).

Assim, a ocorrência de um quadro de deterioração das condições de vida e de trabalho traz como principal característica do processo em curso, a ameaça da perda do emprego em caráter estrutural, mas associa a esta, também, a realização do trabalho sob condições adversas pelos trabalhadores precários.

Da mesma forma que os diferentes desempregados encontram pontos de confluência comuns — a insegurança, a ausência de perspectivas e uma total alteração em suas condições de vida — os subempregados, também, os apresentam ao estarem expostos a riscos diversos no processo de trabalho, ao se submeterem a uma exposição diferenciada quando perambulam de um emprego a outro e, ainda, ao estarem sujeitos a mesma ameaça do desemprego[12].

Acrescente-se ainda, que alguns estudos (Lima, 1997; Machado, 1996) já apontam que há uma variabilidade da exposição no interior dos "grupos homogêneos de risco", como também uma exposição ampliada no processo de trabalho. Assim, traba-

---

12. Queremos destacar, no entanto, que esta não é uma realidade exclusiva das condições de trabalho em nosso país e que pode ser identificada, também, nos mais diferentes tipos de processo. Thébaud-Mony (1993) já evidenciou a afirmação e discussão desta hipótese de trabalho a partir do caso da indústria de energia nuclear francesa, destacando a multiplicidade de aspectos implicados nos efeitos adversos à saúde. São destacados: um quadro de desproteção social, a fragmentação da dose de radiação a partir da rotatividade do trabalhador temporário, e os efeitos sinérgicos sobre um mesmo trabalhador, na medida em que este assume empregos de curta duração, entrecortados por períodos de desemprego; a interiorização pelos trabalhadores da responsabilidade pela exposição e a individualização do dano (Thébaud-Mony, 1993).

lhadores que desenvolvem tarefas e/ou estão inseridos em setores não-diretamente relacionados aos riscos e cargas, estão, também, expostos.

Se isto se coloca para os trabalhadores "centrais", vinculados diretamente à produção, à atividade-fim das empresas, não está, em menor grau, para os trabalhadores subcontratados. Na verdade, o que observamos é uma agudização destas condições para os trabalhadores terceirizados, na medida em que estes, além de estarem envolvidos no processo de trabalho real,[13] têm uma inserção diferenciada, estando ali, na maioria das vezes, sem qualquer treinamento, qualificação e proteção.[14]

Ao evidenciarmos a diversidade da exposição, estamos destacando a complexidade que o processo de vigilância em Saúde do Trabalhador adquire ao buscar estabelecer articulação entre o processo de adoecimento e morte dos trabalhadores e o processo de trabalho. Conforme argumenta Lima (1997), o processo de vigilância, como um trabalho investigativo de construção, caracterizado por "aproximações sucessivas", vai proporcionar o desvelamento da relação processo saúde-doença e processo de trabalho.

Na medida em que avança a investigação, vão gradativamente se descortinando componentes técnicos e organizacionais que viabilizam compreender a complexidade (a diversidade e a dinâmica) das *exposições* geradas nos processos de trabalho — não só pelas tecnologias, mas, também, pela forma como elas são utilizadas. Por sua vez esses novos dados vão possibilitar o melhor enten-

---

13. Sobre a diferenciação entre trabalho real e trabalho prescrito, no processo de vigilância sanitária em Saúde do Trabalhador, ver a contribuição de Machado (1996), onde está identificado que, no processo de vigilância em saúde do trabalhador, foi possível verificar a distância entre a prescrição das tarefas e a sua realização. O "modo de trabalho" de cada trabalhador, e dele em conjunto, apesar das determinações de sua execução e controle pela gerência não se realiza na prática conforme o previsto. Entram em jogo, na dinâmica de sua realização, tanto as características de formação e concepção de quem executa quanto as possibilidades e limites do processo humano gerencial e daqueles próprios da tecnologia utilizada.

14. Apesar da confiabilidade relativa oferecida pelos equipamentos de proteção individuais (EPI's) — tanto no que se refere a sua capacidade real de proteção para determinados riscos e cargas do processo produtivo, quanto em relação a sua inadequação e desconforto para os trabalhadores — não se pode desconsiderar que a sua não-utilização é mais um fator de preocupação.

dimento dos seus *efeitos* sobre a saúde dos trabalhadores envolvidos no processo de trabalho real.(grifos da autora, Lima, 1997:3)

Neste sentido, queremos insistir que se esta é uma realidade considerada na busca dos nexos para os trabalhadores "centrais" ela está, inexoravelmente, complexificada quando da incorporação de novos elementos no processo de trabalho. A terceirização surge pois, como um elemento a mais na consideração do trabalho real, na medida em que além de trazer como características a alta rotatividade, os baixos salários, a extensão da jornada e a desproteção social, sugere, também, um quadro mais perverso que se caracteriza pela contratação de trabalhadores mais propensos à submissão. Em relação por exemplo, às indústrias de construção naval, em processo de jateamento e pintura,

> O trabalho nos porões e tanques, com o fundo-duplo literalmente encerra as condições de maior penosidade, tem sido preferencialmente delegado às empreiteiras onde a submissão para garantia do emprego, permite sua realização em tempos recordes, graças às viradas de turnos e ao número de horas extras que não raro fica em 100 h/mês. É importante lembrar que a "disposição" para realizar horas-extras faz parte dos critérios de admissão e demissão (Echternach apud Lima, 1997: 46)

Tomamos este exemplo da indústria naval, mas ressaltamos que, em outros setores produtivos, também, encontramos estas condições de trabalho para os terceirizados. Nas atividades de vigilância sanitária realizadas pelo Programa de Saúde do Trabalhador da Secretaria de Estado de Saúde do Rio de Janeiro, as informações empíricas têm evidenciado a ocorrência do exposto, pelo menos nos setores químico, petroquímico, petroleiro e de construção civil.

É importante ressaltar, no entanto, que esta estratégia de terceirização das atividades de risco, não é assumida claramente pelas empresas. Suas características são, também, bastante diversificadas, ocorrendo a terceirização tanto em grandes empresas que atuam nacionalmente nos diferentes setores, quanto em firmas menores que fecham ou mudam freqüentemente de razão social. (Vasconcellos & Oliveira, 1995)

Assim, o "gerenciamento artificial de riscos" (Machado, 1991) acaba por imputar condições de trabalho extremamente perversas e nocivas para os trabalhadores terceirizados que se vêem submetidos a circunstâncias que opõem as relações entre produção e reprodução, como se fosse possível escolher entre a saúde e o acesso a postos de trabalho.

Ao estudar a silicose, a "doença do jatista" nos estaleiros de construção e reparo naval, Echternach nos fornece uma grande contribuição para este entendimento e que, com as mediações devidas, nos possibilita compreender esta equação. Assim, sintetiza a autora:

> A doença dos jatistas é a síntese de uma relação técnica e social entre os meios de trabalho e o trabalho vivo que os alimentam. Relação técnica porque envolve uma opção tecnológica e organizacional de um setor produtivo. Relação social, porque esta opção dá-se em meio ao confronto entre duas lógicas distintas: a racionalidade técnica e a reprodução da vida. Confronto este que torna esta doença a realidade de corpos em luta pela sobrevivência, em batalhas cotidianas que opõem a sua própria essência reprodutiva, o trabalho, às suas condições de produção e reprodução enquanto corpo produtivo. (Echternach apud Lima, 1997: 8)

Finalizando este ensaio, entendemos que o quadro que intencionamos esboçar, traz consigo a noção de empregabilidade, pois o que entra em jogo, não é mais, exclusivamente, a luta pela garantia dos direitos sociais, de estabilidade e de condições de trabalho mais eqüânimes e saudáveis próprias do "padrão fordista". Agora, o que está na ordem do dia é a conquista de postos de trabalho, ainda que isto represente, o exercício de qualquer atividade remunerada, mesmo que, sem vínculos empregatícios ou com contratos temporários de trabalho.

Estas têm sido as opções dos trabalhadores vitimados pelos cortes de pessoal, correlacionados à subcontratação. O que tem de comum o camelô, o biscateiro, o empregado pela própria família, o trabalhador sazonal e o desempregado? Além da precariedade das condições de manutenção da própria existência e dos seus dependentes, a ausência de cobertura por morte, morbidade, invalidez, aposentadoria, etc. Tal quadro legitima a afirmação de que a terceirização seria um determinante do "caldo"

211

em que estamos mergulhados, de "dialética histórica entre pós-modernidade e medievalização" (Gomes, 1995: 3).

Noutras palavras, observamos hoje, na corda bamba das relações de trabalho precarizadas, a substituição da antiga e falsa polêmica "saúde ou salário", por uma outra, mais radical e perversa, "saúde ou emprego". Falsa polêmica que traz consigo, a ampliação do *risco social*, já que se trata aqui de um espaço de agressão coletiva, a partir do acirramento das relações entre o trabalho, a saúde e o meio ambiente.

Não queremos, no entanto, tratar a reestruturação produtiva, e em especial a terceirização, de forma maniqueísta. Apenas na tradição inaugurada por autores da Sociologia do Trabalho, sinalizamos para a contraface do ufanismo tecnológico e da tecnificação das relações, particularmente em seu efeito de construção de um cenário de confisco de direitos. Aos que apontam soluções estritamente técnicas para a lida com a crise estrutural em que vivemos, e para os que, como nós, não têm respostas prontas, é que remetemos uma indagação ético-política que não é para ser respondida pelo trabalhador — cujas escolhas estão condicionadas por suas necessidades básicas. A indagação é referente à desregulamentação dos direitos como estratégia de enfrentamento da crise. Contrariamerte aos que acreditam que "é melhor pingar do que faltar", perguntamos se a melhor via é a flexibilização de direitos proposta no novo consenso?

Referências bibliográficas

ABRASCO. *Saúde e trabalho: desafios para uma política.* Rio de Janeiro, ABRASCO/Comissão de Saúde e Trabalho, 1990.

ALMEIDA, Glaucia Elaine S. de. *Não basta ser operário, tem que participar: um estudo sobre a participação operária nos CQ's.* Trabalho de conclusão de curso. Rio de Janeiro, FSS/UERJ, 1996.

AUGUSTO, Lia G. da Silva. O ambiente e o ambiente de trabalho relacionados com a prevenção e controle de riscos ambientais específicos. In: *III Oficina de Trabalho Preparatória da*

COPASAD. Rio de Janeiro, FIOCRUZ/ENSP, 1995. Mimeografado.

ASSOCIAÇÃO BRASILEIRA DE NORMAS TÉCNICAS. *Coletânea de normas de programas de qualidade da série NBR-19000*, 1990.

BRASIL. MINISTÉRIO DA SAÚDE. *Lei orgânica da saúde*. Brasília. Ministério da Saúde/Assessoria de Comunicação Social, 1991.

DIEESE. *Os trabalhadores frente à terceirização. Relatório de pesquisa.* São Paulo, DIEESE, 1993.

DIESAT. *Qualidade, produtividade, saúde e segurança do trabalho.* São Paulo, Resenha n. 8, mar. 1993.

FACCHINI, L. A. *Por que a doença? A inferência causal e os marcos teóricos de análise.* In: ROCHA et al. (orgs.). *Isto é trabalho de gente? Vida, doença e trabalho no Brasil.* São Paulo, Vozes, 1993.

FALEIROS, Vicente de Paula. *O trabalho da política: saúde e segurança do trabalhador.* São Paulo, Cortez, 1993.

FOLHA DE S. PAULO. Especulação abala hierarquia do poder no mundo global. São Paulo, 2 nov. 1997, Caderno Especial Globalização, p. 9.

GOMES, José Orlando. Contextualização da terceirização e suas perspectivas como prática social. In: *Anais do XV ENEGEP*, São Carlos, 1995.

_____ & MEIRELLES, Luiz Antônio. Terceirização: notas sobre o estado da arte. In: *Anais do XIV ENEGEP*, Paraíba, 1994.

GREDEQ. *Gestão da Qualidade — Coletânea de Textos.* São Carlos, ano 1, 1992, p. 60.

HARVEY, David. *Condição pós-moderna: uma pesquisa sobre as origens da mudança cultural.* São Paulo, Loyola, 1993.

LADOU, J. *Archives of Environmental Health na International Journal* The Export of Environmental Responsibility, v. 49, n. 1, january/february, 1994.

LAURELL, A. C. & NORIEGA, Mariano. *Processo de produção e saúde: trabalho e desgaste operário.* Trad. A. Cohn et al. São Paulo, Hucitec, 1989.

LIMA, Leonor de Queiroz. *Alternativas tecnológicas ao jateamento de areia seca: a busca da incorporação de novos elementos na avaliação das exposições.* Dissertação de mestrado. Rio de Janeiro, FIOCRUZ/ENSP, 1997.

MACHADO, J. M. H. *Violência no trabalho e na cidade: epidemiologia da mortalidade por acidentes de trabalho registrada no município do Rio de Janeiro em 1987 e 1988.* Dissertação de Mestrado. Rio de Janeiro. FIOCRUZ/ENSP, 1991.

_____. *Vigilância em saúde do trabalhador.* Tese de Doutorado. Rio de Janeiro, FIOCRUZ/ENSP, 1996.

_____.; BARCELLOS, C.; MELO, A. I. S. C. de. Controle social, ambiente e saúde. In: *Revista Divulgação em Saúde para Debate*, Paraná, CEBES, n. 7, 1992.

_____ & BARCELLOS, C. Vigilância em saúde do trabalhador. *II Conferência Estadual de Saúde do Trabalhador.* Rio de Janeiro, 1993. Mimeografado.

MARTINS, Heloísa Helena Teixeira de Souza. Os dilemas do movimento sindical em face da terceirização (Se correr o bicho pega, se ficar o bicho come). In: MARTINS, H. H. T. de S. & RAMALHO, José Ricardo (org.). *Terceirização: diversidade e negociação no mundo do trabalho.* São Paulo, Hucitec/Cedi/Nets, 1994.

MARX, Karl & ENGELS, Friedrich. *A ideologia alemã: teses sobre Feuerbach.* São Paulo, Moraes, 1984.

MATTOS, U. A. de O. Quality, Productivity and Worker Health. In: *Proceedings of the 12th Triennial Congress of the International Ergonomics Association. IEA'94.* Toronto. August 15-19, 1994. Human Factors Association of Canada. Quality, Productivity and Worker Health.

_____., PORTO, M. F. S. & FREITAS, N. B. B. *Saúde, meio ambiente e condições de trabalho: conteúdos básicos para uma ação sindical.* São Paulo, CUT/Fundacentro, 1996.

MELO, Ana Inês S. C. de. *Contracena de diferentes: a saúde do trabalhador como prática social e a percepção dos trabalhadores.* Dissertação de Mestrado. Rio de Janeiro, PUC, 1993.

MENDES, R. & DIAS, E. C. Da medicina do trabalho à saúde do trabalhador. *Revista de Saúde Pública*. São Paulo, v. 25, n. 5, 1991.

MOTA, A. E. S. da. *Cultura da crise e seguridade social: um estudo sobre as tendências da previdência e assistência social brasileiras nos anos 80 e 90*. São Paulo, Cortez, 1995.

OLIVEIRA, Simone S. *Novas formas de organização do trabalho na indústria têxtil: um estudo de caso em saúde do trabalhador*. Dissertação de mestrado, Rio de Janeiro, FIOCRUZ/ENSP. 1995.

SILVEIRA, M. A. Qualidade e NB/ISO 9000: Uma abordagem de aspectos estratégicos. *GREDEQ/Gestão da Qualidade — Coletânea de Textos*, São Carlos, n. 1, 1992.

STOTZ, Eduardo Navarro & ALMEIDA, Glaucia Elaine S. de. Qualidade Total e Saúde: a mediação do saber operacional. In: *Anais do I Congresso Brasileiro de Ciências Sociais em Saúde*. Curitiba, ABRASCO/NESCO-PR/SES-PR, 1995.

TELLES, Vera da Silva. Direitos sociais e direitos dos trabalhadores: por uma ética de cidadania e justiça. In: BÓGUS, Lúcia & PAULINO, Ana Yara (orgs.). *Políticas de emprego, políticas de população e direitos sociais*. São Paulo, EDUC, 1997.

THÉBAUD-MONY, Annie. Crítica da divisão do trabalho, saúde e contra-poderes. In: *Cadernos CRH*. Salvador, UFBA/CRH, 1993.

VASCONCELLOS, Luiz Carlos Fadel de. & OLIVEIRA, Luiz Sérgio Brandão de. *A saúde do trabalhador no contexto do processo de terceirização: o caso brasileiro*. Texto apresentado no Fórum Permanente do Conselho Estadual de Saúde do Trabalhador, 1995.

GRÁFICA PAYM
Tel. (011) 4392-3344
paym@terra.com.br